Brincar e interagir nos espaços da escola infantil

```
H813b    Horn, Maria da Graça Souza.
             Brincar e interagir nos espaços da escola infantil / Maria
         da Graça Souza Horn. – Porto Alegre : Penso, 2017.
             111 p. : il. color. ; 23 cm.

             ISBN 978-85-8429-103-8

             1. Educação infantil. 2. Ambiente escolar –
         Organização. I. Título.

                                                    CDU 373.21
```

Catalogação na publicação: Poliana Sanchez de Araujo – CRB 10/2094

Maria da Graça Souza Horn

Brincar e interagir nos espaços da escola infantil

2017

© Penso Editora Ltda., 2017

Gerente editorial: *Letícia Bispo de Lima*

Colaboraram nesta edição
Editora: *Paola Araújo de Oliveira*
Preparação de originais: *Grasielly Hanke Angeli*
Leitura final: *Luiza Drissen Signorelli Germano*
Capa: *Márcio Monticelli*
Imagem da capa: *©shutterstock.com/Magnia, Seamless abstract hand drawn pattern. Vector illustration*
Fotos de capa: *Camila Campos Fetter e Felipe Souza Papaleo*
Ilustrações: *Gilnei da Costa Cunha*
Editoração: *Kaéle Finalizando Ideias*

Reservados todos os direitos de publicação à
PENSO EDITORA LTDA., uma empresa do GRUPO A EDUCAÇÃO S.A.
Av. Jerônimo de Ornelas, 670 – Santana
90040-340 – Porto Alegre – RS
Fone: (51) 3027-7000 Fax: (51) 3027-7070

SÃO PAULO
Rua Doutor Cesário Mota Jr., 63 – Vila Buarque
01221-020 – São Paulo – SP
Fone: (11) 3221-9033

SAC 0800 703-3444 – www.grupoa.com.br

É proibida a duplicação ou reprodução deste volume, no todo ou em parte, sob quaisquer formas ou por quaisquer meios (eletrônico, mecânico, gravação, fotocópia, distribuição na Web e outros), sem permissão expressa da Editora.

IMPRESSO NO BRASIL
PRINTED IN BRAZIL

Autora

Maria da Graça Souza Horn é Especialista em Educação Infantil pela Universidade Federal do Rio Grande do Sul (UFRGS), Mestre em Educação Infantil pela Pontifícia Universidade Católica do Rio Grande do Sul (PUCRS) e Doutora em Educação Infantil pela UFRGS.

Foi professora de crianças pequenas por mais de uma década nas redes de ensino pública e privada. Trabalhou como coordenadora pedagógica da rede pública estadual, supervisora da rede municipal de Porto Alegre (RS), dos cursos de Pedagogia da PUCRS, da UFRGS e do Centro Universitário Ritter dos Reis (UniRitter). Atuou também como docente nos cursos de especialização em Educação Infantil da UFRGS, do Centro Universitário Univates e da Universidade do Vale do Rio dos Sinos (Unisinos).

Atualmente realiza consultorias, palestras e formação em diferentes estados do país e é membro da comissão editorial da revista Pátio Educação Infantil.

Dedicatória e agradecimento

Porque nossos trabalhos e nossas conquistas se constroem com solidárias parcerias e na relação com os outros, quero...

...dedicar este livro ao Alvaro e à Mariana, pela partilha de todos os dias.

...agradecer à Rita de Cássia Freitas Coelho, coordenadora da Educação Infantil do Ministério da Educação (COEDI/MEC, gestão 2007-2016), pelas oportunidades que me proporcionou no conhecimento das diferentes realidades brasileiras e que em muito aspectos subsidiaram a escrita deste livro. A ela, quero dar um destaque para além deste agradecimento, por sua grande atuação em defesa de uma educação infantil de qualidade. Seu empenho, sua seriedade e sua competência fazem uma significativa diferença na educação infantil do Brasil.

Apresentação

Uma importante coleção de exemplos

A obra que temos em mãos nos oferece não apenas uma profunda e importante reflexão a respeito da organização dos espaços na educação infantil, mas evidencia o longo e comprometido percurso profissional da colega e amiga professora Maria da Graça Souza Horn nesse campo.

Há muito, Graça tem se dedicado a refletir sobre o tema dos espaços e ambientes, revelando sua importância para a ação pedagógica na primeira etapa da educação básica. As características de seus trabalhos, pesquisas, escritas e apresentações orais são sempre atravessadas por seu compromisso com a formação de professores e, especialmente, com a atenção ao bem-estar e às aprendizagens das crianças.

Quando findou seu doutoramento e na sequência publicou o livro *Sabores, cores, sons, aromas: a organização dos espaços na educação infantil*, publicado pela Artmed em 2003, Graça antecipou uma reflexão fundamental a respeito de uma temática que hoje, já passado algum tempo, finalmente começa a fazer sentido no interior das escolas e na formação dos professores, ou seja, como parte de uma certa didática da educação infantil. Organizar de modo satisfatório os espaços, oferecendo possibilidades de brincadeiras, movimentos, investigações, produção de teorias provisórias pelas crianças, descentralizando da figura adulta, é, sem dúvida, aspecto-chave para a formação da identidade dessa etapa da educação.

Se revisitarmos as abordagens da educação infantil que hoje são reconhecidas por sua qualidade do trabalho educativo, pelo modo como promovem a participação das crianças e refletem sobre a aprendizagem – poderíamos citar a Abordagem de Reggio Emilia e Pistoia na Itália, a Associação Criança e o Movimento da Escola Moderna em Portugal, a Fundação High Scope nos Estados Unidos, a Pedagogia Waldorf, o trabalho com bebês e crianças bem pequenas realizado no Instituto Loczy em Budapeste –, encontraremos como fator comum a importância dada à organização dos espaços em uma pedagogia da infância.

Desse modo, consideramos esta nova contribuição da autora uma importante "coleção de exemplos" para a formação de professores.

Apresentação

A ideia de coleção de exemplos é advinda do campo artístico. Para o filósofo e crítico de arte Thierry De Duve, a arte não é um conceito, mas uma coleção de exemplos. E como coleção, diferente de repertório, e sempre infindável, é marcada apenas por um fator comum de ligação entre aquilo que colecionamos.

Nesta nova obra, especialmente voltada para o modelo de construção de prédios para escolas de educação infantil denominado Proinfância, Graça compartilha uma de suas últimas investigações. Ao visitar escolas pelo Brasil, buscando compreender a pedagogia latente dessas instituições, a autora observou as possibilidades e limites que a construção de um novo espaço pode proporcionar. Assim, foi construindo uma rica coleção de exemplos que hoje se transforma em um livro importante para a cena educacional, pois nos dá pistas, indicando possibilidades para qualificar a ação pedagógica. Na verdade, a autora faz como as crianças, quando recolhem pedras, gravetos, folhas por onde passam, como quem quer guardar o mundo dentro do bolso. E colecionam esses exemplos de realidade, pois tanto as crianças quanto Graça parecem crer em algo que nós compartilhamos: o nosso modo de participar da cultura está diretamente ligado à forma como vamos nos apropriando dos objetos, dos usos das coisas, dos jeitos de habitar os espaços e estabelecer relações com nossos pares.

Quer seja na reflexão a respeito dos espaços internos, quer seja na relativa aos externos, nesta obra encontramos elementos que ajudam professores, gestores e pesquisadores da área a qualificar o modo como estão organizando os ambientes na educação infantil.

Por isso, acreditamos que na medida em que encontramos um material que nos dá a chance de ampliar nossas coleções de exemplos, alargamos a capacidade de olhar para o campo pedagógico da educação infantil.

Neste momento oportuno de debate sobre uma Base Comum Curricular Nacional, da virada da segunda década desde que a educação infantil foi reconhecida como primeira etapa da educação básica e do rumo ao primeiro decênio das atuais Diretrizes Curriculares Nacionais para a Educação Infantil, *Brincar e interagir nos espaços da escola infantil* contribui para deixar algumas marcas cruciais para a construção e o fortalecimento da identidade pedagógica da educação infantil.

Nesse aspecto, é notável que o fato de este livro trazer uma possível "coleção de exemplos" para professoras e professores da educação infantil, uma coleção que Graça organizou com tanto empenho e que pode ser continuamente ampliada por cada leitor em sua imaginação e prática pedagógica. Um texto aberto que convida o leitor a seguir em direção a uma pedagogia que afirme que as crianças são capazes e que um professor criativo e inventivo é um agente importante da ação educativa.

Maria Carmen Silveira Barbosa

Doutora em Educação pela Universidade Estadual de Campinas (Unicamp) e Professora Associada da Faculdade de Educação da Universidade Federal do Rio Grande do Sul (UFRGS).

Paulo Sergio Fochi

Pedagogo, Mestre em Educação pela UFRGS, doutorando em Educação na Universidade de São Paulo (USP) e professor na Universidade do Vale do Rio dos Sinos (Unisinos).

Prefácio

A organização dos espaços na educação infantil, em muitas realidades, ainda sofre influências advindas das várias identidades que, ao longo de sua trajetória, foram sendo construídas, que vão desde o assistencialismo até o espelhamento na escola de ensino fundamental. Também é importante considerar que, para muitos educadores, a centralidade do processo educativo está focada na figura do adulto (educador), do qual devem emanar todas as proposições e ações a serem realizadas pelas crianças. Entendendo-se que a organização dos espaços constitui-se em um dos eixos estruturantes do currículo, como parceira pedagógica na prática cotidiana desenvolvida com as crianças, torna-se necessário pensar a organização e o fornecimento de materiais nos espaços, tanto internos quanto externos das instituições, à luz das Diretrizes Curriculares Nacionais para a Educação Infantil (DCNEIs) – Parecer CNE nº 20, de 11 de novembro de 2009 (BRASIL, 2009). Esse documento é norteador para o estabelecimento de orientações a serem observadas na organização e no entendimento dos principais temas para o trabalho com crianças pequenas.

Entre as dimensões elencadas no documento, destaca-se a dimensão 7, que trata de espaços, tempo e materiais (BRASIL, 2009). É importante considerar, desde logo, que essa dimensão parte da premissa de que existe uma estreita relação entre a arquitetura dos prédios e a pedagogia a ser construída no cotidiano dessas instituições. Ou seja, a organização dos espaços não é simples "pano de fundo" das práticas cotidianas, mas, sim, um dos eixos estruturantes das propostas pedagógicas das instituições, transversal a todas as demais. São palavras textuais das DCNEIs.

> [...] para efetivação de seus objetivos, as propostas pedagógicas das instituições de Educação Infantil deverão prever condições para o trabalho coletivo e para a organização de materiais, espaços e tempos [...] (BRASIL, 2010, p. 19).

Este livro irá contemplar as especificidades da organização dos espaços para crianças bem pequenas e para crianças maiores que frequentam as instituições de educação infantil no Brasil, entendendo que elas aprendem em todos os locais, sejam eles internos ou externos, em interação com seus companheiros e com o espaço. Não se trata de um receituário, mas de orientações que poderão qualificar esses espaços, bem como de sugestões de materiais que poderão ser disponibilizados para as crianças nos diferentes lugares da escola, considerando-se que o espaço é socialmente construído. Não podemos desconsiderar também, no que se refere aos aspectos em nível de gestão da educação infantil, a Base Nacional Comum Curricular, documento que está sendo elaborado e em vias de aprovação.

No primeiro capítulo, intitulado "A organização dos espaços e dos materiais e o cotidiano na educação infantil", são abordados aspectos teóricos que dão suporte e referendam o tema central deste livro. Por se considerar de vital importância o conhecimento e as orientações emanados das DCNEIs em relação à organização dos espaços e à seleção e à organização dos materiais na escola infantil, o segundo capítulo é dedicado à reflexão acerca das implicações que advêm desse documento com referência a essa temática. Considerando a parceria da organização do espaço para o protagonismo das crianças, o terceiro capítulo destaca a importância da disponibilização de materiais e objetos em um espaço adequado e qualificado, como mote para suas ações autônomas. No Capítulo 4, são apontadas orientações para a organização dos diferentes espaços das instituições de educação infantil, tendo como referência uma instituição considerada de qualidade para trabalhar com crianças de zero a 5 anos e 11 meses. É importante destacar que, como o próprio título sugere, são descritas sugestões, e não imposições, de modos de arranjar os espaços de toda a instituição. O destaque dado à organização dos espaços externos, no Capítulo 5, justifica-se por se considerar esses locais importantíssimos para a educação infantil de qualidade, no que se refere, principalmente, às oportunidades que as crianças têm de aprender, de forma prazerosa, em interação com a natureza. Por fim, o último capítulo aponta algumas ideias que sugerem uma reflexão sobre os principais postulados de uma adequada organização dos espaços.

Espero que este livro sirva principalmente para nortear um trabalho qualificado junto às crianças, entendendo-se o espaço como um verdadeiro parceiro pedagógico, palco de interações e brincadeiras que lhes propiciam vida e prazer.

Sumário

Capítulo 1
A organização dos espaços e dos materiais e o cotidiano
na educação infantil. 17

Capítulo 2
As Diretrizes Curriculares Nacionais para a Educação Infantil:
brincar e interagir. 23

Capítulo 3
O protagonismo das crianças diante dos desafios dos objetos
e dos materiais. 27

Capítulo 4
Brincar, explorar e interagir nos diferentes espaços das
instituições de educação infantil 33

Capítulo 5
Brincar, explorar e interagir nos espaços externos
das instituições de educação infantil 85

Capítulo 6
Para avaliar e refletir. 105

Referências 109

1

A organização dos espaços e dos materiais e o cotidiano na educação infantil

Conforme já afirmamos anteriormente, as Diretrizes Curriculares da Educação Infantil (BRASIL, 2010), no item 7: organização de tempo, espaço e materiais, destacam que, para a efetivação de seus objetivos, as propostas pedagógicas das instituições de educação infantil deverão prever condições para o trabalho coletivo e para a organização de materiais, espaços e tempos.

Nessa perspectiva, entende-se que o espaço não é simplesmente um cenário na educação infantil. Na verdade, ele revela concepções da infância, da criança, da educação, do ensino e da aprendizagem que se traduzem no modo como se organizam os móveis, os brinquedos e os materiais com os quais os pequenos interagem. Sua construção, portanto, nunca é neutra, pois envolve um mundo de relações que se explicitam e se entrelaçam. A organização do espaço na educação infantil tem como premissa, portanto, o entendimento do espaço como parte integrante do currículo escolar e como parceiro pedagógico do educador infantil, profissional que exerce o importante papel de mediador nesse processo. Para compreender essa dinâmica, é crucial adentrar nos ambientes das creches e pré-escolas para, a partir dessa imersão, construir solidariamente um espaço que reflita a cultura, as vivências e as necessidades dos adultos e das crianças que nele habitam.

A compreensão de que a organização dos espaços é um importante elemento do currículo remonta aos postulados de Friedrich Fröbel e de Maria Montessori, em 1837 e 1907, respectivamente. Esses dois estudiosos já afirmavam, por exemplo, que um espaço pensado para crianças pequenas deveria contemplar o atendimento de suas necessidades e características — com certeza, muito diferentes das necessidades de crianças maiores e dos adultos. Entre as muitas questões por eles abordadas, incluem-se os materiais apropriados a essa faixa etária, o mobiliário específico e, principalmente, os lugares para brincar e estar em contato com a natureza, com foco na construção da autonomia infantil.

Ao longo dos anos, outros teóricos foram agregando ricas e importantes contribuições para essa discussão, como Piaget, Winnicott, Wallon, Vygotsky e, mais contemporaneamente, Montagné. Em comum nas referências teóricas desses autores, temos o entendimento de que o conhecimento é construído nas interações que as crianças realizam com o meio e entre si. Se assim compreendemos, a implicação pedagógica recorrente é a de que a organização do espaço tem contribuição significativa nas aprendizagens realizadas pelas crianças. No âmbito da sociologia da infância, não podem ser esquecidas as contribuições de Corsaro (2011) e de Sarmento (2004), que postulam que as crianças são agentes sociais, ativos e criativos, que produzem suas próprias culturas infantis enquanto contribuem para a construção das sociedades adultas. De todas essas contribuições, podemos destacar a ideia comum de que a construção do espaço é eminentemente social e se entrelaça com o tempo de forma indissolúvel, congregando, de forma simultânea, diferentes influências mediatas e imediatas advindas da cultura e do meio em que seus atores estão inseridos. Nesse processo, convém ressaltar que o ser humano diferencia-se das outras espécies animais por ser capaz de criar, usar instrumentos e simbolizar. Utilizando-se basicamente do raciocínio e da linguagem, ele consegue transformar suas relações com os outros e com o mundo.

Quando nos propomos a refletir sobre o modo como se organizam os espaços na educação infantil, é preciso entender, primeiramente, de que espaço estamos falando e de como as crianças interagem nesse espaço. Apesar de estarem intimamente ligados, é importante destacar o que se entende por "espaço" e o que se entende por "ambiente". O termo "espaço" refere-se aos locais onde as atividades são realizadas e caracteriza-se pela presença de elementos, como objetos, móveis, materiais didáticos e decoração. O termo "ambiente", por sua vez, diz respeito ao conjunto desse espaço físico e às relações que nele se estabelecem, as quais envolvem os afetos e as relações interpessoais dos indivíduos envolvidos nesse processo, ou seja, adultos e crianças.

Portanto, no espaço, situam-se os aspectos mais objetivos, enquanto no ambiente situam-se os mais subjetivos. Nesse sentido, não se considera somente o meio físico ou material, mas também as interações que são produzidas nesse meio. É um processo que se constrói como um todo indissociável de objetos, odores, formas, cores, sons e pessoas que habitam e se relacionam em uma estrutura física determinada que contém tudo e, ao mesmo tempo, é contida por esses elementos que pulsam nela como se tivessem vida. É como se o ambiente nos convidasse a partilhar com ele sensações e recordações. Desse modo, somos por ele afetados, desafiados e instigados. Nesse processo, a indiferença cede lugar a inquietações e a desacomodações. Nisso, se fundamenta a ideia de que não basta construirmos prédios qualificados, consonantes com o ordenamento legal vigente no país, especialmente com as DCNEIs. É preciso ter a clareza de como esses espaços serão usados, como as crianças irão interagir e brincar neles, que relações ali serão possíveis e como os móveis e os materiais serão disponibilizados nesses locais.

Nessa perspectiva, o espaço também assume diferentes dimensões, sendo imperioso pensarmos em sua dimensão física e em como isso se molda ao cotidiano das crianças, como elas poderão utilizar esses espaços, em que medida permitiremos o tempo necessário para elas iniciarem e concluírem suas atividades e, principalmente, como a organização e a ocupação desse espaço permitirão relações entre as crianças e entre elas e os objetos. Isso aponta para o entendimento de que essa organização se constitui em um elemento do currículo, já que, como afirmamos anteriormente, a parceria com essa organização será elemento fundamental nas aprendizagens que as crianças construirão. Sintetizando essa ideia, o modo como organizamos o espaço estrutura oportunidades para a aprendizagem por meio das interações possíveis entre crianças e objetos e entre elas. Com base nessa compreensão, entende-se que o espaço pode ser estimulante ou limitador de aprendizagens, dependendo das estruturas espaciais que estão postas e das linguagens que ali estão representadas.

Quando se aborda a discussão acerca das interações entre as crianças e, como consequência, da importância do meio no desenvolvimento humano, é imprescindível buscar, nos aportes de Wallon (1989) e de Vygotsky (1984), a legitimidade teórica necessária. A partir da perspectiva sócio-histórica de desenvolvimento, ambos os teóricos relacionam a afetividade, a linguagem e a cognição às práticas sociais quando discutem a psicologia humana no seu enfoque psicológico. Segundo eles, o meio social é fator preponderante no desenvolvimento dos indivíduos, fazendo parte constitutiva desse processo, o que nos remete a pensar que, da imperícia e total dependência de outros seres humanos, os bebês percorrem uma fascinante e desafiadora trajetória, que não transcorre de forma linear. Ao contrário, é um percurso carregado de emoções, desafios e conquistas que avançam, retrocedem, alargam-se e estreitam-se conforme as mediações, as influências e a rede de relacionamentos que se estabelecem em torno dessa criança. São as chamadas redes de significações, constituídas por um conjunto de fatores físicos, sociais, ideológicos e simbólicos próprios de cada cultura e grupo social. Esse conceito foi desenvolvido pela profa. Maria Clotilde Rossetti-Ferreira e seu grupo de pesquisa na Universidade de São Paulo/Ribeirão Preto.*

Adotando-se tais postulados como norteadores, pode-se inferir que as crianças, ao interagirem nesse meio e com outros parceiros, aprendem por meio da própria interação e imitação. Portanto, a forma como organizamos o espaço será decisiva, pois, quanto mais esse espaço for desafiador e promover atividades conjuntas entre parceiros, quanto mais permitir que as crianças se descentrem da figura do adulto, mais fortemente se constituirá como propulsor de novas e significativas aprendizagens.

A partir dessa referência teórica, também podemos inferir que a ação pedagógica descentra-se da figura do adulto e passa a ser compartilhada pelo desafio imposto pelo modo como disponibilizamos móveis e objetos, bem como os materiais aí colocados. Certamente, deverá haver uma intencionalidade dos educadores na seleção desses materiais, tendo, como norte, as características do grupo de crianças, a sua faixa etária, a cultura na qual estão inseridas, suas necessidades e seus interesses e as diferentes linguagens a serem construídas. Portanto, o planejamento do professor no que diz respeito à seleção de materiais deverá ser cuidadoso e rigoroso. Por exemplo, não serão colocados livros aleatoriamente na estante: a seleção dos jogos obedecerá a critérios relativos à faixa etária e às diferentes linguagens, os materiais grafoplásticos serão variados, atraentes e compatíveis com a idade das crianças.

Quais características, então, esses espaços e ambientes deverão ter para dar conta disso? Quais materiais serão mais instigantes e significativos para interações qualificadas e aprendizagens prazerosas? Inicialmente, é necessário referir que, à medida que crescem, as crianças vão estabelecendo relações novas e cada vez mais complexas, fruto de importantes modificações no plano mental e social.

Quando se pensa nos espaços para bebês, sua organização certamente deverá dar conta das necessidades de ampla movimentação,

---

*Para saber mais sobre rede de significações, ver ROSSETTI-FERREIRA, M. C. et al. **Rede de significações**: e o estudo do desenvolvimento humano. Porto Alegre: Artmed, 2004.

interação física com os objetos, interação sensório-motora, aconchego e segurança oferecidos pelo adulto. Os espaços deverão possibilitar, portanto, a exploração por meio de todos os sentidos, a descoberta de características e relações dos objetos ou materiais mediante experiência direta, manipulação, transformação e combinação de materiais variados, a utilização do corpo com propriedade, a interação com outras crianças, enfim, a oportunidade de construir a própria autonomia na resolução de suas necessidades.

A harmonia das cores, das luzes, do equilíbrio entre móveis e objetos, assim como da decoração da sala, influenciará a sensibilidade estética das crianças, ao mesmo tempo em que permitirá que elas se apropriem dos objetos da cultura na qual estão inseridas. Assim, ações simples, como a de colocar móbiles coloridos, propiciar a audição de músicas relaxantes, pendurar objetos em elásticos desde o teto, prender folhas secas em fios de *nylon*, colocar tiras de papel que se movem com o ar e colocar cortinas em esconderijos, podem ser excelentes auxiliares nessas construções.

Para as crianças maiores, outros móveis, objetos e acessórios tornam-se indispensáveis para povoar o espaço. É necessário pensar em novas nuances e possibilidades de ação no ambiente que constroem, como mesas adequadas para pintar e desenhar, caixas com diferentes tipos de tintas, pincéis, colas, tesouras, papéis de diversos formatos, texturas e tamanhos, livros de histórias, baús com roupas e fantasias. Com isso, pretendemos destacar que o espaço para crianças não será sempre o mesmo. Suas necessidades físicas, sociais e intelectuais, ao se modificarem, incidem em modificações também no meio em que estão inseridas.

2

As Diretrizes Curriculares Nacionais para a Educação Infantil: brincar e interagir

O documento que norteia e estabelece os princípios para a educação infantil no Brasil é o Parecer CNE/CEB nº 20/09 (BRASIL, 2009), que define as Diretrizes Curriculares Nacionais para a Educação Infantil (DCNEIs). Esse documento destaca que a organização dos espaços e dos materiais deverá prever estruturas que facilitem a interação das crianças, permitindo-lhes construir sua cultura de pares. Destaca, ainda, que é indispensável o contato com a diversidade de produtos culturais (livros de literatura, brinquedos, objetos e outros materiais), com manifestações artísticas e com elementos da natureza.

Para tanto, existe a necessidade de uma infraestrutura e de formas de funcionamento da instituição que garantam, ao espaço físico, constituir-se como um ambiente que permita o bem-estar promovido pela estética, pela boa conservação dos materiais, pela higiene, pela segurança e, principalmente, pela possibilidade de as crianças **brincarem e interagirem** – eixos fundamentais que perpassam toda a estrutura das DCNEIs. Nesse aspecto, é importante ressaltar que os espaços destinados às crianças de diferentes faixas etárias não podem ser considerados como uma sala de aula na perspectiva tradicional, mas como um espaço de referência para os grupos de crianças. Isso implica pensar que, nesse local, a proposta não seja organizá-lo e gerenciá-lo para que "aulas" aconteçam, mas, sim, para que experiências educativas possam ser vividas pelas crianças. Explicita-se, aqui, que a organização curricular por campos de experiências, segundo Fochi (2015, p. 221-228),

> [...] consiste em colocar no centro do projeto educativo o fazer e o agir das crianças [...] e compreender uma ideia de currículo na escola de educação infantil como um contexto fortemente educativo, que estimula a criança a dar significado, reorganizar e representar a própria experiência.

Essas orientações, certamente, apontam para a indagação que muitos educadores infantis se fazem, que diz respeito às relações existentes entre a organização dos espaços e o trabalho que desenvolvem junto às crianças. A resposta para tal questão passa pelo entendimento das concepções referentes à educação infantil, à criança e ao processo de aprendizagem.

Entendemos a criança como agente de seu próprio conhecimento, como protagonista e ativa, alguém que aprende por meio da interação com o meio e com outros parceiros. Essa interação introduz a criança no ambiente, estimulando-a a participar, a construir e a ser protagonista em uma atitude participativa, que acontecerá na vida que partilha com o grupo.

No caso da criança pequena em especial, ela se desenvolve associando a memória de situações aos espaços e aos materiais em que essas situações ocorreram. Assim, espaços e materiais atuam como mediadores externos para as ações das crianças. Se há uma estante com livros e um tapete perto no qual podem sentar e folheá-los, isso canaliza as ações infantis para a interação com os livros, imitando o que já observou ser o comportamento de leitores adultos, e também se torna fundamental no faz de conta de crianças pequenas. Elas criam um enredo imaginário mediado por objetos, indumentárias, sons, etc., e assumem personagens.

Como já afirmamos, no contexto das instituições de educação infantil, o espaço converte-se em um parceiro pedagógico. Por sua vez, as ações desenvolvidas pela criança serão descentralizadas de sua figura e norteadas pelos desafios dos materiais, dos brinquedos e do modo como organizamos o espaço. Nesse cenário, o educador deverá observar criteriosamente seu grupo de crianças e pensar o quê, como e por que disponibilizar diferentes materiais (de toda ordem e de diferentes naturezas, estruturados e não estruturados, tudo o que possa permitir a interação e a construção de conhecimento da criança).

Nesse processo interativo, destacam-se dois aspectos: o acesso autônomo das crianças a esses materiais e as diferentes linguagens que serão privilegiadas e construídas nas interações com eles. Há, assim, uma mudança de paradigma importante: passa-se da centralidade de atuação do professor a um protagonismo da criança regido pelos brinquedos, móveis e objetos planejadamente colocados para o seu desafio e para a sua interação. Portanto, toda a energia do professor se concentrará nessas ações. É o fazer pedagógico que permitirá à criança agir sem o auxílio do adulto, levando em consideração suas necessidades básicas e potencialidades.

Essa forma de organizar o espaço quebra o paradigma de uma escola inspirada em um modelo de ensino tradicional de classes alinhadas, uma atrás da outra, de móveis fixos, de armários trancados pelo professor, do qual dependerá toda e qualquer ação da criança. Em um contexto assim pensado e organizado, promovemos a construção da autonomia moral e intelectual das crianças, estimulamos sua curiosidade, auxiliamos a formarem ideias próprias acerca das coisas e do mundo que as cercam, possibilitando-lhes estabelecer interações cada vez mais complexas.

Ao planejar vivências nos espaços das instituições de educação infantil, devemos prever quais atividades são fundamentais para a faixa etária a que se destinam, pensando na adequação da colocação dos móveis e objetos que contribuirão para o pleno desenvolvimento das crianças. Nesse ambiente flexível e em constante transformação, mais do que a consideração do espaço físico, nosso olhar também se voltará ao modo como o tempo é estruturado e quais ações serão realizadas nesse tempo e espaço.

Segundo Edwards, Gandini e Forman (2016), a consideração pelas necessidades e pelos ritmos das crianças molda o arranjo do espaço e do ambiente físico, enquanto o tempo de que dispomos permite o uso e o desfrute no ritmo da criança nesse espaço cuidadosamente elaborado. Em muitas realidades de instituições de educação infantil, o tempo é regido pela referência que o adulto tem acerca disso. Isso se observa principalmente no momento das refeições e do sono, quando a duração dessas atividades é regida pela necessidade e por meio da referência dos adultos e das rotinas instituídas nesses locais.

Nas interações que a criança realiza com seus parceiros, com os materiais e com o meio circundante, destaca-se a ideia de uma criança protagonista. No próximo capítulo, vamos discutir como o protagonismo das crianças se beneficia com uma adequada e qualificada organização espacial.

3

O protagonismo das crianças diante dos desafios dos objetos e dos materiais

As mais novas abordagens acerca do fazer pedagógico na educação infantil têm trazido à tona a valorização do protagonismo das crianças, apostando em um novo currículo que, consequentemente, nos faz pensar em processo de aprendizagem, em valorização do ambiente como espaço de relações e em investimento na memória para tornar visível a aprendizagem das crianças.

Essa nova imagem, advinda desse protagonismo infantil, destaca duas características que precisam ser consideradas nesse cenário a competência e a curiosidade das crianças. Essa imagem e esse entendimento se contrapõem à ideia de uma criança previsível, que liberava o educador de muitos problemas, entre eles, o de saber sempre o que propor e com que finalidade. Esse novo paradigma requer uma grande transformação no papel do adulto nas ações desempenhadas junto às crianças.

Como já afirmamos nos capítulos anteriores, de detentor e centralizador de todas as ações, o educador passa a uma atuação descentralizada, em que a organização de contextos estruturantes para o desenvolvimento de experiências ricas que contemplem as mais diferentes linguagens infantis assume o lugar das práticas repetitivas, diretivas e sistematicamente coletivas. O sentimento de ansiedade vivido pelo professor na expectativa da obtenção do resultado esperado é substituído pelo prazer da troca e da partilha. Seguir um caminho traçado e predeterminado para as crianças trilharem é uma postura antagônica ao que se entende por aprender na perspectiva do protagonismo. Reafirmo: o papel do professor é o de organizar as oportunidades de apoio às experiências das crianças.

Nessa abordagem, portanto, não existe espaço para resultados predeterminados, característica de um currículo definido como um programa de ações para atingir determinados fins. Se entendemos a criança a partir de uma nova perspectiva, consequentemente, teremos de situá-la em uma nova ideia de currículo. Autores, como Mallaguzzi (2016) e Goodson (2001), têm defendido uma perspectiva curricular denominada "currículo emergente ou narrativo", que tem, como foco principal, a criança ativa e protagonista. Em vez de a escola infantil ser um lugar para aplicação de técnicas e atividades contidas em apostilas, será um ambiente para adultos e crianças partilharem a vida cotidiana. Segundo Carvalho e Fochi (2016, p. 158),

> O cotidiano da educação infantil subverte as perspectivas lineares, isto é, não se trata de conceber uma ideia de primeiro sentir, depois pensar, depois comunicar, mas, ao contrário, de modo interdependente e circular, se sente, se pensa e se comunica como um mesmo processo tramado por vários fios. Ou seja, existe uma unidade de inteireza da vida constituída por várias camadas. Isso confronta programações evolutivas e binárias das escolas: do mais fácil para o mais difícil; do individual para o coletivo; disso para aquilo. Em outras palavras, essa trama de acontecimentos e experiências que os meninos e as meninas vivem nas instituições de educação infantil é um risco, é contradição. Não é certeza, é dúvida que, eventualmente, abre janelas invisíveis e vislumbra um cenário [...].

Fica evidente que as concepções de criança e de aprendizagem, prioritariamente, têm de estar "afinadas" com essa proposta de trabalho. Além disso, é importante reafirmar que a aprendizagem, a partir dessa perspectiva, é uma ação eminentemente social, em que há um entrelaçamento entre as ações das pessoas, dos materiais disponibilizados, das intervenções dos parceiros mais experientes e da própria organização do espaço. Esse processo acontece tendo como referência a rotina estabelecida e o cotidiano vivido na escola, entendendo-se a rotina como o preestabelecido, mesmo que flexível, e o cotidiano, passível de rupturas.

Segundo Brougère e Ulmann (2012), aprender na vida cotidiana é construir por via dos encontros, das atividades, das observações, das dificuldades e dos sucessos um repertório de práticas ao longo da vida, em razão de novos encontros, atividades, migrações e viagens, inovações geradas pela sociedade e seus objetos.

Quais seriam os quesitos importantes para que essa vida cotidiana seja um espaço de relações e interações entre as crianças e entre elas e os adultos? Fortunati (2014), coordenador da experiência em San Miniato, Itália, afirma que uma educação adequada para essa criança não previsível, rica, ativa e competente tem de levar em conta os seguintes aspectos:

- o contexto físico como algo que sustenta e alimenta o processo de aprendizagem, em vez de ser simples cenário;
- o conhecimento gerado dentro de contextos espaçotemporais específicos representa um ambiente no qual as crianças e os educadores compartilham a vida cotidiana, constroem relacionamentos e experiências e geram novos saberes e novos conhecimentos; e
- o foco nas oportunidades, e não nos resultados, acompanha os educadores na conquista da compreensão mais profunda de como as crianças aprendem, em vez de valorizar o que elas não aprendem.

A partir dessas premissas, podemos inferir que, para entender e propiciar a vivência protagonista para as crianças, é fundamental compreender suas implicações na organização do contexto físico e do contexto espaçotemporal, sem desconsiderar o entrelaçamento que existe entre ambos. De acordo com Fortunati (2009, p. 72),

> A partir desse ponto de vista, devemos considerar as situações de atividades livres como um contexto privilegiado para a observação das capacidades elaboradas e construtivas postas em prática de um modo espontâneo pelas crianças tanto na vertente das relações quanto na vertente do conhecimento do mundo físico, bem como sugerir qual modalidade de proposta e/ou intervenção por parte do adulto que não seja invasora e que ao mesmo tempo esteja direcionada a acompanhar e a apoiar os percursos evolutivos individuais e grupais.

Interpretando a ideia do autor, podemos inferir que, quando o professor planeja uma situação de brincadeira mais organizada, diferente daquela em que as crianças brincam como um jogo livre, o contexto é mais definido. Ou seja, são previstos espaços para atividades em pequenos grupos em que há uma intencionalidade do educador ao prever que tipo de ações poderão ser realizadas, bem como que materiais irá disponibilizar nesses locais. Nessa perspectiva, as atividades e os processos vividos pelas crianças ocorrem dentro de um contexto definido e circunscrito. É importante considerar que, quando temos clara a ideia de uma criança protagonista, deverá sempre haver espaço para as contribuições das crianças, para que elas possam comparar, relacionar e criar novas hipóteses a respeito das coisas.

Portanto, há um pressuposto básico fundamental, ou seja, as crianças constroem suas experiências, sem que o adulto precise determinar diretamente as aprendizagens. Ao contrário, sua atuação se caracteriza como alguém que coloca as crianças diante de contextos diversos de experiências, e sua intervenção será no sentido de auxiliá-las a construírem novas e mais complexas relações. Nessa perspectiva, o professor reconhecerá as crianças como competentes, curiosas e exploradoras.

Como podemos perceber, o modo de organizar o espaço incide diretamente sobre as questões relacionadas ao protagonismo das crianças. Um dos aportes importantes nessa perspectiva diz respeito a uma organização em espaços circunscritos. Segundo Carvalho e Rubiano (1994), a principal característica das zonas circunscritas é seu fechamento em pelo menos três lados, seja qual for o material que o educador coloca lá dentro ou o que as próprias crianças levam para brincar. Esse caráter circunscritor do contexto considerará a brincadeira para além de um contexto privilegiado de experiências e aprendizagens, pois, ao contemplar grupos menores, espaços e materiais mais definidos e manifestação de hipóteses expressas de modo mais detalhado, permitirá uma relação mais complexa entre as crianças e entre elas e os adultos. Ao mesmo tempo, propiciará uma observação mais aprofundada por parte do educador e dos processos do pensamento postos em prática pelas crianças. Isso possibilitará, a ele, intervenções que auxiliarão as crianças a construírem novas relações e, consequentemente, novos conhecimentos.

Nesse sentido, é importante destacar, novamente, que é sempre necessário investigar e propor em todos os espaços das instituições de educação infantil lugares em que as crianças possam recriar novos limites, novas maneiras de organizar espaços para representar simbolicamente ou mesmo atuar com distintos materiais que respondam a suas ações das mais diversas formas, permitindo-lhes enriquecidos modos de relações sociais. Segundo Cabanellas e Eslava (2005), temos podido constatar que a criança sente de modo intenso sua apropriação de um espaço: o marca, se esconde nele, o possui, se sente protegida, compartilhando uma dialógica de transgredir ou aceitar regras... quando recorre a esse espaço, compartilha, conquista ou transgride, construindo desse modo sua paisagem interna, com a qual vai confrontar com a complexidade das paisagens que a rodeia.

Para que a criança realmente viva nesse espaço, estabeleça relações e construa conhecimento, é importante considerarmos o tempo dado a elas. Segundo Malaguzzi (2016), é necessário respeitar o tempo de amadurecimento e de desenvolvimento das ferramentas do fazer e da compreensão, da emergência total, lenta, extravagante, lúcida e mutante das capacidades das crianças: é uma medida de sabedoria cultural e biológica.

Portanto, a disponibilidade de um tempo capaz de permitir às crianças iniciarem, darem continuidade e concluírem seus projetos é fator decisivo no entendimento de uma criança protagonista, na medida em que lhe possibilita fazer escolhas de acordo com seu interesse, refletir sobre os materiais escolhidos, manipulá-los elaborando conceitos, para construir toda a sequência de ações, do início ao fim.

Conforme Fortunati (2009, p. 156),

> Evitar que a pressa se apodere da situação permite que cada um possa amadurecer a própria autonomia, contendo as frustrações de tentativas malogradas, proporcionando tempo e oportunidade para tentar de novo ou para emprestar às crianças os gestos que elas ainda não são capazes.

> Respeitando os tempos e os ritmos do desenvolvimento de cada um, o educador aprende a conhecer os infinitos percursos possíveis do crescimento e do desenvolvimento do conhecimento, aprecia e reconhece como valor as diferenças individuais e comunica e alimenta nas crianças o respeito para cada diversidade.

Enfim, podemos afirmar que o protagonismo infantil é uma ação compartilhada entre professores, crianças, conhecimento, espaço e tempo. Nessa ação, em diferentes momentos, alguns desses elementos podem se destacar sobre os outros, porém, todos se entrelaçam de modo indissolúvel.

4

Brincar, explorar e interagir nos diferentes espaços das instituições de educação infantil

Uma importante reflexão remete-nos a considerar que a organização dos espaços não se restringe às salas de atividades. Entende-se que todos os espaços da instituição de educação infantil educam, e os postulados teóricos até aqui apontados são válidos para a sua organização. Desde o *hall* de entrada, os corredores, a cozinha, o refeitório, os banheiros e as salas de atividades múltiplas até os pátios internos e externos, o princípio norteador de sua organização é convidar as crianças a estar neles, a acolhê-las, a permitir estar junto uns com os outros. Em todos eles, destacam-se as necessidades afetivas, fisiológicas, de autonomia, de movimento, de socialização, de descoberta, de exploração e conhecimento que elas possuem. Portanto, todos esses espaços e ambientes devem facilitar o crescimento infantil em todas as suas potencialidades, respondendo às necessidades da criança de se sentir completa em termos biológicos e culturais.

A seguir, buscaremos enfocar cada espaço da instituição, apresentando-os e sugerindo modos de organização e materiais neles disponibilizados. Além disso, são apresentados quadros esquemáticos com caráter orientador, indicando usos, funções e mobiliário para cada um deles. Por considerarmos que os espaços externos merecem especial atenção, principalmente porque a exploração desqualificada desses locais ainda constitui o cenário observado na maior parte das instituições de educação infantil no Brasil, sua abordagem será feita no Capítulo 5.

Hall de entrada

O *hall* de entrada é o primeiro espaço que a criança e sua família vislumbram ao chegar à instituição. Ele passará uma mensagem de acolhimento se estiver marcado com elementos que lembrem o cotidiano por meio de fotos em painéis e murais, se permitir sentar-se em cadeiras e sofás confortáveis, se estiver enfeitado com plantas, se permitir o convívio com os adultos que trazem as crianças e com aqueles que as recebem. Essa é uma das formas de contemplar o princípio elencado nas DCNEIs, que se refere à participação, ao diálogo e à escuta cotidiana das famílias, ao respeito e à valorização de suas formas de organização.

Segundo Goldschmied e Jackson (2006), o impacto visual desse espaço merece atenção, já que se constitui em uma declaração pública, por parte da creche, de seus valores e prioridades. Em outras palavras, o espaço oferece um retrato vivo das concepções de educação infantil de seus educadores.

Muitas instituições criam um ambiente infantil artificial, sem aludir ao que ali se vive cotidianamente. O fato de identificarmos com fotos e nomes dos adultos que ali trabalham, das crianças vivendo o dia a dia, retratando projetos e passeios realizados, colocarmos avisos cuidadosamente planejados, oferece, aos pais e a todos aqueles que entram na instituição, um sentimento de pertencimento e acolhimento. O espaço destinado à comunicação e às informações poderá estar colocado em painéis de cortiça ou madeira e informar sobre o cardápio do dia, a agenda de eventos e reuniões e os avisos gerais. Também poderão expor as fotos de trabalhos realizados pelas crianças e de situações vividas no cotidiano. Outros móveis interessantes são prateleiras nas quais estejam arquivos biográficos e portfólios que documentem o trabalho dos diferentes grupos de crianças.

As marcas culturais também são de extrema importância nesse espaço hospitaleiro: elementos que marcam a vida das pessoas daquela região, daquela cidade e daquele bairro fornecerão a identidade necessária a esse lugar, que o tornará diferente de outras instituições de educação infantil localizadas em outras regiões. O importante é manter esse espaço visualmente atraente e cuidado, no sentido de mantê-lo limpo e com aromas agradáveis, convidativo e revelador das características de quem o habita.

QUADRO 4.1 Objetos e móveis sugeridos para o *hall* de entrada

- Quadro ou painéis para fotos das crianças em diferentes atividades
- Quadro ou painéis para recados e avisos
- Quadro com nomes e fotos dos adultos
- Vasos com plantas
- Sofá
- Almofadas
- Poltronas
- Espaço para exposição de trabalhos feitos pelas crianças
- Prateleiras para colocar documentação referente ao trabalho realizado na instituição ou trabalhos realizados em três dimensões (objetos de argila, massa, etc.)
- Revisteiro com revistas da área de educação, álbum de fotos da escola

FIGURA 4.1 *Hall* de entrada.

Espaço de convivência

Esse espaço poderá ser coberto e integrado às áreas externas. Sua denominação "espaço de convivência" se deve ao seu objetivo, ou seja, o de oportunizar a interação entre crianças da mesma faixa etária, entre crianças de diferentes faixas etárias, entre adultos e crianças, contemplando-se, assim, um dos princípios elencados nas DCNEIs: "o reconhecimento das especificidades etárias, das singularidades individuais e coletivas das crianças, promovendo interações entre crianças de mesma idade e crianças de diferentes idades".

Esse espaço também poderá ser pensado para propor desafios que contemplem tais interações com objetos e materiais diversificados, promotores de atividades que não são exclusivas das salas de referência. Esse local, portanto, deverá contemplar espaços diferenciados, circunscritos por estantes baixas, cercas, painéis, biombos, rebaixamento de tetos por meio de tecidos e elevação do chão por meio de estrados. Ali, se realizarão atividades que não serão somente as de correr ou as destinadas à alimentação.

Como, via de regra, constitui-se em um espaço com certa amplitude, as atividades que envolvem movimentos mais amplos poderão estar nele contempladas, como andar de motoca, carrinho de lomba ou patinete. Espaços para se esconder também poderão estar ali localizados, como grandes cubos de madeira com aberturas para comunicação que possibilitem às crianças o estar dentro e fora. Poderá ter um jardim interno com bancos para descansar, conversar ou jogar, para convívio entre flores e plantas que darão o toque estético, percebidos pelo aroma agradável e pela visão colorida que emprestarão ao espaço. Dessa forma, podemos pensar em áreas distintas, tais como:

- área de movimentos amplos;
- área de construção;
- área de descanso; e
- área de jogos simbólicos e dramatizações.

QUADRO 4.2 Móveis e objetos sugeridos para o espaço de convivência

Espaços para	Materiais e equipamentos
Movimento	▪ Motocas, patinetes, carros, carrinho de lomba, carrinhos de mão, cordas, rampas
Construção	▪ Blocos de espuma, madeiras para construção de garagens, cabanas, blocos de madeira
Descanso	▪ Almofadões, tapetes, cantos para se esconder, canto das histórias, bancos para conversar, esteiras para colocar no chão
Jogos simbólicos	▪ Fantasias, máscaras, teatro para fantoches, fantoches, palco desmontável

FIGURA 4.2 Espaço de convivência.

Sala de multiuso

A sala de multiuso poderá contemplar atividades envolvendo diferentes linguagens (leitura, música, ateliê para expressão grafoplástica, teatro, ateliê tecnológico). Mesmo que, nos espaços das salas de referência, de algum modo, essas linguagens estejam contempladas, podem-se prever materiais e brinquedos que não estejam disponibilizados em outros espaços da instituição.

Um princípio importante a ser considerado é a possibilidade de transformação tanto na disponibilização quanto no tipo de materiais oferecidos, que não são estáticos e serão sempre mudados. Essas mudanças serão resultado de uma observação atenta por parte dos educadores, no sentido de detectar que necessidades e interesses as crianças evidenciam. Fazer listas dos materiais mais usados pelas crianças poderá ser um auxílio nessas modificações.

Uma sugestão interessante é privilegiar materiais e livros com os quais as crianças não interagem cotidianamente, pois esse é um espaço para viver e conviver com diferentes sensações envolvendo as mãos, a imaginação e os sentidos. Os materiais poderão estar colocados em prateleiras ou estantes da altura das crianças, dispostos em cestas, caixas, potes abertos e transparentes, bandejas, apresentados de modo convidativo e atraente à interação da criança. Nesses espaços, poderão estar contempladas também as atividades artesanais típicas de cada região do país, apresentando artistas locais que poderão realizar oficinas com as crianças.

Ao lado desses espaços, um destaque a ser feito diz respeito ao ateliê tecnológico, na perspectiva de entendermos a instituição escolar como um espaço de criação que deve incorporar os produtos culturais e as práticas sociais mais avançadas da sociedade. As DCNEIs pactuam com essa ideia quando afirmam que as práticas pedagógicas constitutivas de sua proposta curricular devem ter, como eixos, a brincadeira e a interação, garantindo as mais variadas experiências nas diferentes linguagens. Entre essas experiências, são apontadas as que "possibilitem o uso de gravadores, projetores, máquinas fotográficas e outros recursos tecnológicos e midiáticos".

As ferramentas tecnológicas são utilizadas para registrar e reproduzir dados, acessar informações, viabilizar o criar, o expressar, o cooperar, o brincar e o jogar, pensando sempre em suas relações com atividades humanas que lhes dão significado. Os equipamentos disponibilizados nesse espaço deverão promover atividades como algo a mais, e não como algo excepcional descontextualizado dos projetos e da própria rotina das crianças.

Esse local não deve ser pensado como um "apêndice" da instituição, onde as crianças terão um atendimento no treino do uso de computadores somente como uma atividade deslocada das interações vividas no cotidiano, mas como um espaço de ampliação da sala de referência onde se pode explorar outros tipos de equipamentos, usando-os como outras linguagens, enriquecendo as experiências das crianças. O uso da tecnologia deverá ser consciente, pensando-se, primeiramente, em que esse uso contribuirá para o desenvolvimento das crianças.

QUADRO 4.3 Móveis e objetos sugeridos para a sala de multiuso

Espaços para	Materiais e equipamentos
Construção e montagem	■ Materiais da natureza (pedras, folhas secas, materiais típicos da região) ■ Rolhas de diversos tamanhos ■ Pedaços de cano, fios, molas, pedaços de tecidos de tipos diferentes, pedaços de madeira de diferentes formas e tamanhos ■ Tubos de cola, tesouras, cavaletes para pintura, mesas para experimentações
Expressão grafoplástica	■ Canetinhas de vários tipos ■ Lápis duros e macios ■ Giz de cera de diversos tamanhos ■ Tintas de diferentes tipos, pincéis diferenciados e objetos para pintar, diversos tipos e tamanhos de papéis coloridos ■ Instrumentos para trabalhar com argila, balde com argila
Jogo dramático	■ Biombo para teatro de fantoches ■ Baú com fantasias ■ Cortinas para palco ■ Maquiagens e adereços para teatro
Leitura e audição de histórias	■ Livros de histórias variadas ■ Adereços e recursos para contação de histórias, como fantoches de vara, fantoches de mão e gravuras
Ateliê tecnológico	■ Computadores ■ Máquina fotográfica ■ Retroprojetor ■ Transparências ■ Canetas para retroprojetor ■ Gravador ■ Microfone ■ Fone de ouvido

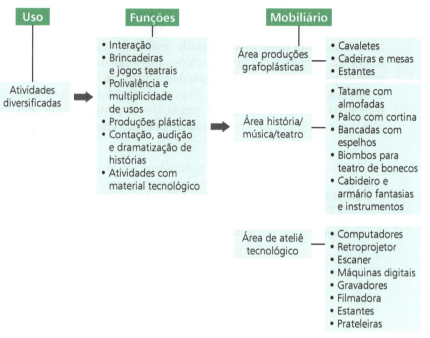

FIGURA 4.3 Sala de multiuso.

Salas de referência

Faixa etária de 0 a 2 anos

Os espaços destinados a faixa etária de 0 a 2 anos, mais comumente chamados de berçário, giram em torno de quatro princípios importantes: 1) proporcionar um ambiente organizado e, ao mesmo tempo, flexível; 2) proporcionar conforto, segurança e, ao mesmo tempo, desafios; 3) proporcionar a interação com as diferentes linguagens; e 4) proporcionar o bem-estar das crianças.

O ambiente no qual as crianças estarão inseridas será adequado a diferentes tipos de atividades: áreas de repouso, higiene e brincadeiras e, em anexo, o solário. Nesses espaços distintos, também se realizarão ações diversificadas. O espaço de repouso deverá permitir a tranquilidade necessária para o sono, que irá variar de criança para criança. Como a possibilidade de vigília ao sono por parte dos adultos é fundamental, consequentemente, o tamanho e a quantidade de berços deverão ser compatíveis com as dimensões do espaço onde se localizam. O uso de catres ou colchonetes deverá sempre ser priorizado, por permitir uma reorganização desse espaço para a realização de outras atividades e uma melhor circulação dos adultos. Objetos de conforto para embalar o sono serão bem-vindos para contemplar as necessidades e os interesses de cada criança.

Na área destinada à higiene, as crianças são trocadas e banhadas, entendendo-se esses momentos como de importantes aprendizagens, razão pela qual esse espaço deverá ser convidativo e interessante para os pequenos. Móbiles poderão estar pendurados no teto próximo ao trocador, assim como espelhos, que poderão ser colocados no teto e nas paredes, possibilitando que a criança se enxergue e, por meio dessa ação, identifique-se e conheça as diferentes partes de seu corpo. Os armários colocados nesse espaço deverão priorizar a guarda das roupas de cama, das fraldas, das roupas de reserva das crianças e de outros acessórios pertinentes à higiene, como higienizadores, toalhas e sabonetes.

É importante considerar que, se nessa etapa do desenvolvimento, os cuidados individualizados de higiene e de alimentação ainda são de responsabilidade dos adultos, mas isso não significa priorizar tais ações em detrimento das brincadeiras e da exploração do espaço. Portanto, a área lúdica deverá oportunizar às crianças o estar no chão, o arrastar-se, o engatinhar, o estar com os outros e o interagir com diferentes materiais. Esse espaço deverá constituir-se em um laboratório onde acontecem as experiências sensoriais, sociais e motoras.

Alguns critérios podem ser priorizados, como espaço para os bebês que ainda não se deslocam e espaço para os que se deslocam. Para os bebês que ainda não conseguem locomover-se, convém dispor de um tatame ou tapete almofadado. Isso não significa dizer que as crianças deverão estar sempre separadas, ao contrário, a interação de crianças com diferentes estágios de desenvolvimento é propulsora de novos conhecimentos. Esse espaço não precisa ser fixo e poderá ser deslocado para outros locais, inclusive para o solário e o espaço de convivência, contemplando um dos princípios explicitados nas DCNEIs: "os deslocamentos e os movimentos amplos das crianças nos espaços internos e externos às salas de referência das turmas e à instituição" (BRASIL, 2010, p. 20).

Para as crianças que já se locomovem engatinhando, arrastando-se ou caminhando, deverá estar previsto um espaço para ampla movimentação, sendo a área central do espaço da sala o ideal. As paredes desse espaço poderão ter elementos de texturas diferentes, evitando-se o uso de EVA e de plástico, bem como ter barras afixadas, tanto no sentido vertical quanto no sentido horizontal, servindo de apoio às crianças para que se coloquem de pé.

QUADRO 4.4 Móveis e objetos sugeridos para a sala de referência para a faixa etária de 0 a 2 anos

Espaço para	Materiais e equipamentos
Repouso	Móbiles que se movimentem com facilidade, berços ou catres de tamanho adequado ao espaço disponível, objetos de conforto, como bonecos e bichos de pano (laváveis)
Higiene	Trocador, espelho, móbiles
Brincadeiras	Materiais para o desenvolvimento dos sentidos: ■ bolas e caixas grandes de madeira ■ bolas de tecidos diversos ■ sacos de pano pequeno com ervas aromáticas ■ terra com ervas aromáticas em espaços onde as crianças brincam Materiais que produzem som: ■ latas ou caixas bem fechadas com objetos que produzam som ■ sinos ■ diferentes tipos de papel para amassar ■ instrumentos musicais

Brincadeiras	Objetos feitos de materiais naturais: ■ cestos ■ rolhas ■ materiais naturais da região ■ conchas Materiais para o jogo simbólico: ■ panelas ■ pratos ■ xícaras ■ talheres ■ copos ■ bonecos ■ roupas para vestir bonecos ■ pedaços de tecido ■ objetos para brincar de limpar (panos, rodos, vassouras, baldes) ■ maleta de médico ■ móveis para casa de boneca (cama, mesa, cadeiras, armário, espelho, fogão, geladeira) Objetos para entrar: ■ caixas ■ cabanas ■ túneis Materiais para empurrar: ■ carrinhos ■ carrinho de mão ■ bichos de puxar ■ rodas de madeira para girar Livros: ■ livros de pano ■ livros de borracha ■ livros de papel Materiais grafoplásticos: ■ tintas com anilina comestível ■ tinta guache ■ massa caseira para modelar ■ pincéis de diferentes espessuras ■ rolos para pintar ■ giz de cera de espessura grossa ■ papéis de diferentes tipos e tamanhos
Solário	Os materiais poderão ser trazidos para esse local e variar conforme o interesse das crianças. Atividades com água e tinta podem ser privilegiadas nesse local, bem como atividades de amplos movimentos. É interessante disponibilizar materiais para subir, escorregar e entrar em túneis.

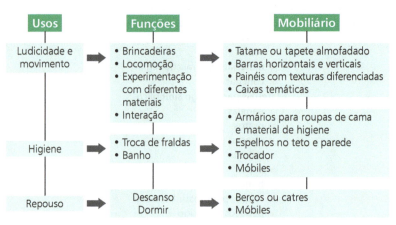

FIGURA 4.4 Sala de referência para crianças de 0 a 2 anos.

Faixa etária de 2 a 4 anos

A sala de atividades destinada às crianças de 2 a 4 anos deverá contemplar, em seu espaço, três áreas distintas: repouso, sanitários e atividades diversificadas e, em anexo, na parte externa, o solário. Nessa faixa etária, as crianças já apresentam autonomia de locomoção, conseguem controlar os esfíncteres e demonstram muito mais autonomia do que as crianças menores. As necessidades de higiene, sono e brincadeiras precisam ser atendidas, porém, com algumas diferenças em relação às crianças menores. Em função disso, a organização do espaço físico e o tipo de material oferecido sofrerão algumas modificações.

O espaço físico deverá promover múltiplos encontros, cumprindo o papel de ser referência para as crianças, de ser sua identificação como grupo e como indivíduos. Essa construção contemplará o grande grupo, os pequenos grupos e a individualidade das crianças. O atendimento de tal premissa explicita-se na organização do espaço em áreas de trabalho distintas e naquelas delimitadas pelo chão, por meio de tapetes e estrados, pelo teto com panos que rebaixem a altura, pelas laterais por meio de estantes e biombos. A possibilidade de transformação sempre terá de ser viabilizada, pois as necessidades e os interesses das crianças vão mudando em função de sua maturidade, do contexto familiar e do próprio cotidiano da escola.

Esses espaços devem representar um equilíbrio entre privacidade e socialização, tranquilidade e movimento, priorizando atividades em grupo e individuais. Sempre que possível, convém deixar uma das áreas de trabalho com espaço suficiente para permitir encontros com o grande grupo. Deve-se considerar que todas as áreas que poderão estar contempladas nem sempre ocuparão um lugar fixo em sua disponibilização. A sugestão é de que esses espaços tenham móveis e equipamentos que permitam grande flexibilização e possibilidade de transformação.

O espaço destinado ao sono, por exemplo, poderá será utilizado para muitas outras atividades durante o dia. Nessa faixa etária, a interação com materiais para a realização do jogo simbólico é muito importante, podendo ser uma das áreas fixas, assim como aquela destinada à contação de histórias e à biblioteca e aquela destinada a construções diversas. A possibilidade de organizar materiais em caixas temáticas que sejam móveis é uma alternativa interessante para o desenvolvimento de outras linguagens.

QUADRO 4.5 Móveis e objetos sugeridos para a sala de referência para a faixa etária de 2 a 4 anos

Espaços para	Materiais e equipamentos
Repouso	■ Colchonetes ■ Catres ■ Objetos de conforto e aconchego como bonecos, bichos de pano, livros de histórias ■ Móveis de casa (fogão, armário, mesa, geladeira, cadeiras, cama)
Jogo simbólico	■ Utensílios de cozinha (pratos, panelas, talheres, xícaras) ■ Cestos com frutas e legumes de cera ou plástico ■ Ferro de passar, vassoura, rodo, telefone, televisão, computador ■ Bolsas e bijuterias ■ Roupas para trocar bonecas (panos, casacos, calças) ■ Apetrechos para pentear (pentes, escovas, adereços de cabelo) ■ Maleta de médico (seringa, estetoscópio, embalagem vazia de remédios) ■ Caixa de carpinteiro (martelo, chave de fenda, outras ferramentas)

(Continua)

(*Continuação*)

Construção	▪ Materiais de construção ▪ Grandes blocos ocos ▪ Tacos e blocos de madeira de diferentes tamanhos, jogos de encaixar, de empilhar, cubos de espuma de diferentes tamanhos, pedaços de pano, caixas grandes e pequenas e tubos ▪ Materiais para encaixar e desencaixar ▪ Brinquedos de montar e desmontar (carros, caminhões, blocos de encaixar)
Expressão grafoplástica	▪ Papéis de diferentes formas e texturas ▪ Tinta guache ▪ Aquarelas, cavaletes, esponjas, rolos, pincéis de diferentes espessuras, giz de cera
Jogo dramático e música	Instrumentos musicais, microfone, fantasias
Leitura e audição de histórias	Livros infantis com histórias de gêneros diferentes
Exploração do solário	▪ Brinquedos e materiais móveis ▪ Carros para empurrar, bolas, motocas, mesa de experimentações, barracas

FIGURA 4.5 Sala de referência para crianças de 2 a 4 anos.

Faixa etária de 4 a 5 anos e 11 meses

À medida que crescem, as crianças estabelecem relações novas e cada vez mais complexas. As modificações e as conquistas evidenciadas nos planos afetivo, motor, mental e social ocasionarão mudanças também no modo como se organizam os espaços, a fim de lhes proporcionar condições e situações que venham ao encontro de suas necessidades. Assim, outros móveis, objetos e acessórios tornam-se indispensáveis para povoar o espaço das crianças maiores, sendo que a proposição de áreas diferenciadas se torna ainda mais importante.

Nessa faixa etária, as crianças já se interessam mais por contar e ouvir histórias, construir estruturas, elaborar representações gráficas, discutir o planejamento do dia, jogar coletivamente, realizar pesquisas e partilhar com seus pares momentos destinados às atividades que envolvem todo o grupo. Elas ainda necessitam de espaços que possibilitem movimentar-se, escolher, criar, edificar, espalhar produções, fazer de conta, permanecer sozinhas e trabalhar em pequenos ou em grandes grupos. Muitas vezes, os educadores priorizam o espaço destinado às mesas e às cadeiras em detrimento de outros destinados às diferentes linguagens, ainda muito necessários para as crianças dessa faixa etária. Podemos pensar em espaços para mesas, o que não significa que esse mobiliário ocupe o maior espaço da sala. Portanto, a organização do espaço poderá prever uma área para mesas e cadeiras, uma área para diferentes jogos e materiais grafoplásticos e uma área para atividades coletivas, como roda de conversa e contação de histórias. A previsão de um espaço para acolher objetos de pesquisas realizadas a partir dos diferentes projetos desenvolvidos pelo grupo, bem como de painéis para registros de trabalhos feitos pelas crianças é de fundamental importância.

Convém reiterar que o espaço sempre deverá ser passível de transformações. Materiais para atividades com as diferentes linguagens poderão estar disponibilizados em caixas temáticas, que, alternadamente, serão oferecidas às crianças em diferentes espaços da sala, incluindo o do solário, o da praça central e dos espaços externos. A possibilidade de transportá-las de um lugar para outro se reveste em uma forma de ampliar a interação das crianças com materiais que não estão disponibilizados a elas em seu cotidiano. As limitações do espaço das salas de atividades impedem, muitas vezes, um rol de opções mais amplo. Tais caixas poderão ser as do jogo simbólico, da dramatização, da contação de histórias, da música e de outras atividades que poderão ser criadas pelos educadores e pelas crianças. Tendo em vista que essa faixa etária apresenta significativos avanços em todas as áreas do desenvolvimento, uma observação atenta dos educadores incidirá em alterações na organização do espaço e no oferecimento dos materiais.

QUADRO 4.6 Móveis e objetos sugeridos para a sala de referência para a faixa etária de 4 a 5 anos e 11 meses

Espaços para	Materiais e equipamentos
Mesas e cadeiras	■ Mesas retangulares com pequena diferença de altura de modo a encaixar uma na outra (possibilidade de dispor de mais ou menos mesas, de acordo com as atividades) ■ Cadeiras
Encontros e trabalhos coletivos	■ Tapete ou colchão grande com almofadas
Jogos diversos e materiais grafoplásticos	■ Jogos com letras e números, jogos de memória, jogos lógico-matemáticos envolvendo as estruturas de seriação, classificação e quantificação (blocos de madeira, caixas para guardar elementos para classificar, jogos de classificar formas, cores, tamanhos), quebra-cabeças, jogos de montar e encaixar, jogos com materiais naturais (pedras, conchas), jogos de dominó, jogo de cartas, mesa para experimentações com pedaços de madeira, pedras, serragem, barro ■ Estante com materiais grafoplásticos
Caixas temáticas	
Jogo simbólico	■ Apetrechos para cozinha, sala, banheiro, móveis de casa, bonecos, roupas para trocar, maleta de médico, varal de roupa, materiais para limpeza (rodo, vassouras, balde, pano)
Dramatização	■ Baú com fantasias (roupas, sapatos, bolsas, enfeites, maquiagens, adereços variados)
Música	■ Instrumentos musicais, objetos para produzir diferentes sons, aparelho de som, CDs com músicas de gêneros variados
Biblioteca	■ Livros de temas variados (contos de fada, poesias, livros de aventura, receitas de cozinha, revistas, jornais), jogos de leitura, fantoches, adereços de personagens, como lobo, fada, bruxa, menino, menina, etc. ■ Almofadas e tapete
Solário	■ Utilização das caixas temáticas ou atividades grafoplásticas

Brincar e interagir nos espaços da escola infantil   49

FIGURA 4.6 Sala de referência para crianças de 4 a 5 anos e 11 meses.

Sugestões de móveis e equipamentos

As sugestões apresentadas nas ilustrações a seguir podem ser usadas nos diferentes espaços da instituição, desde a entrada, a área de convivência, a sala de atividades múltiplas e os solários até as salas de referência. Alguns equipamentos são específicos para determinadas faixas etárias, outros para os espaços coletivos e outros ainda para as salas de referência. Cabe reiterar que a organização dos espaços apresenta diferentes dimensões – temporal, física, funcional e relacional – que norteiam o olhar do educador para o espaço que tem disponibilizado. A possibilidade de transformar e redimensionar a ocupação dos espaços sempre deverá nortear a disponibilização dos móveis e dos materiais.

Sugestões para o *hall* de entrada

Mesa de apoio

Painel de pequenos retalhos de tecido para afixar fotos

Almofadas de formas alusivas a bichos

Para serem colocadas em bancos ou em algum canto no chão.

Mural de avisos

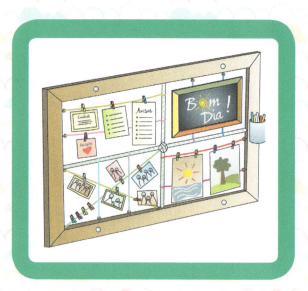

Área de convivência
Árvore de madeira

Para pendurar flores, pássaros ou frutas.

Barraca em tecido com diferentes aberturas

Caleidoscópio

Estrutura para entrar revestida de material espelhado.

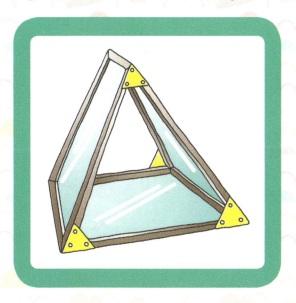

Carrinho de madeira para puxar ou entrar

Carro de caixa de papelão

Pode ser conectado e complementado com rodinhas.

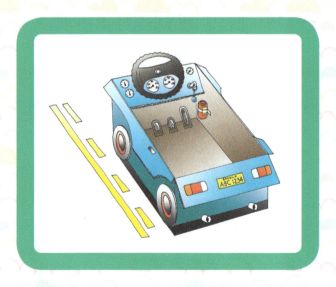

Biombo de quatro faces com girafa desenhada

Pode ser usado para divisória ou ser transformado em espaços de casinha.

Estrutura emborrachada com possibilidade de transformações

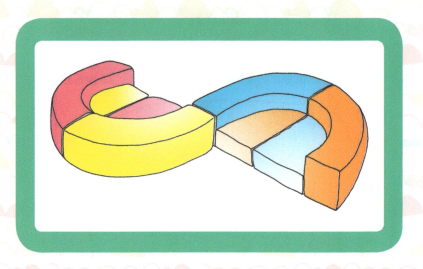

Estrutura que poderá ser usada como um circo

Pode ser construída com tiras de plástico ou TNT e um bambolê.

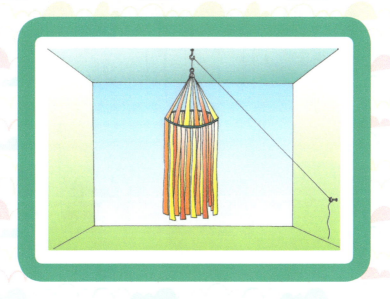

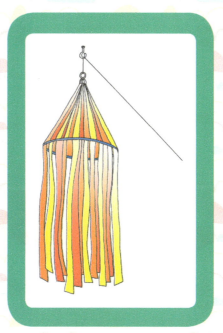

Teatro de fantoches móvel

Túnel colorido

Construído com tecido resistente, com uma madeira forrada de espuma e tecido na parte inferior.

Materiais para sala de referência para a faixa etária de 0 a 3 anos

Berço de tecido resistente

Fixado em dois rolos de madeira, com suportes de corda.

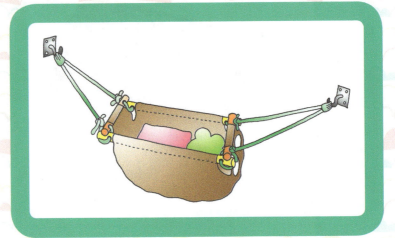

Painel de tecido

Com bolsos para guardar pertences diversos.

Caixa face externa

Caixa grande de papelão resistente que poderá ser revestida com diferentes superfícies: pano, papel, tinta. Aberturas de porta, janelas redondas e quadradas com cortinas fixadas com velcro.

Caixa face interna

As laterais das caixas são revestidas com diferentes materiais, como rolhas, caixas de ovos e outros revestimentos à escolha do educador. O chão poderá ser revestido de esponja, fundo de garrafas PET, colocados sobre tabuleiros removíveis.

Colchão em curva

Para exploração com diferentes superfícies.

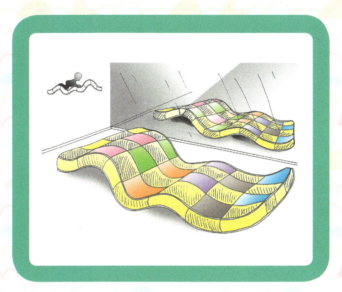

Tapete de dominó

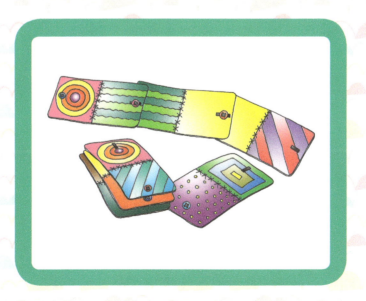

Escada com degraus

Revestidos com objetos de diferentes texturas, como pedaços de madeira revestidos de feltro, esponjas, escovas de textura suave.

Berços de madeira

Podem se encaixar um no outro.

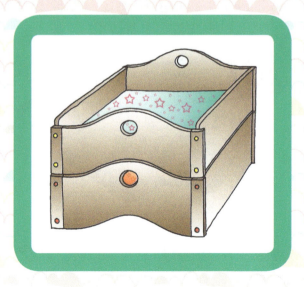

Berços redondos

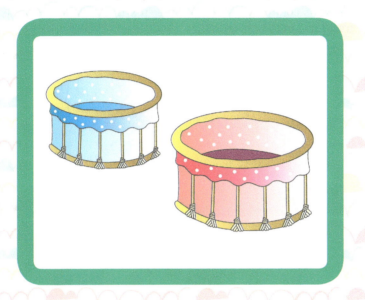

Labirinto

Almofadas

Forradas com tecidos de diferentes texturas, acopladas umas às outras, formando uma trilha.

Três portas acopladas com diferentes objetos pendurados

Túnel

Construído de madeira ou pano, forrado com diferentes objetos, de preferência sonoros.

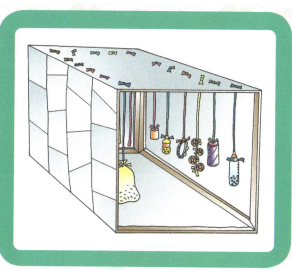

Cadeira musical

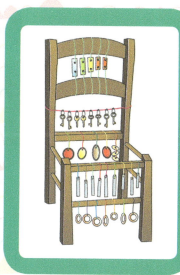

Materiais para sala de referência para a faixa etária de 3 aos 5 anos e 11 meses

Prateleira multifuncional

Carro de materiais

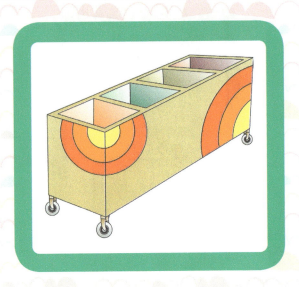

Flip chart

Cavaletes para pintura

Painel de sons

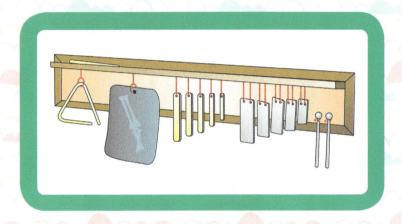

Módulos baixos

Estrutura de casinha com mezanino

Mesa de experimentações

Mesas que se acoplam (diferentes alturas)

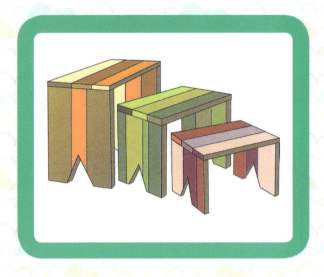

Cadeira rede

Caixotes acoplados

Para guardar diferentes jogos e brinquedos.

Móvel com rodas e diversas divisórias

Para guardar papéis, revistas, livros.

Estante com rodas

Para guardar livros.

Bancos

Podem ser disponibilizados de diferentes modos no espaço.

Caixas temáticas

Um dos principais problemas enfrentados pelos educadores é o fato de a sala de referência não poder abrigar todas as possibilidades interessantes para interações que contemplem as diferentes linguagens. A alternativa de trabalho com caixas temáticas pode amenizar esse problema. Pensadas para ser não só um invólucro de materiais, elas podem se constituir no próprio canto temático. Assim, é possível pensar em caixas de biblioteca, jogos, faz de conta, dramatização, enfim, em caixas que possibilitem o desenvolvimento das mais diferentes linguagens e que possam ser deslocadas ou guardadas em pequenos espaços. Outra possibilidade é poder ser disponibilizadas em diferentes momentos da rotina. Os educadores podem criar outras caixas com diferentes temáticas.

Caixa temática da cidade

Com as caixas de papelão, podem ser construídos diferentes espaços que reproduzem os locais que fazem parte do cotidiano de uma cidade (posto de gasolina, escola, ruas e calçadas, casas, posto de saúde, supermercado), com miniaturas de bonecos, carros e móveis.

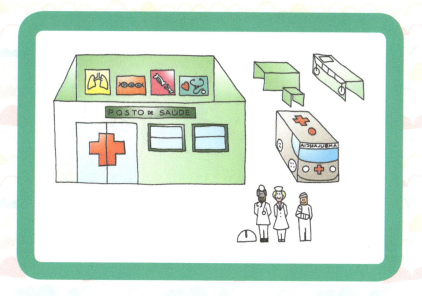

Caixa temática das histórias

Essa caixa contém livros de histórias infantis que podem ser lidos e dramatizados pelas crianças. Podem-se colocar também caixas com fantoches de tipos variados ou adereços alusivos a diferentes histórias.

Brincar e interagir nos espaços da escola infantil 79

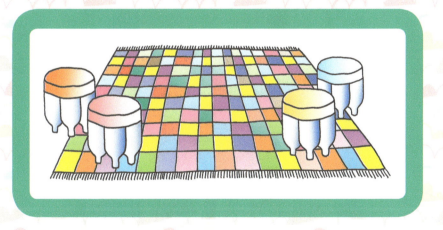

Caixa temática das fantasias

Caixa temática dos sons

Nessa caixa, estão fixados, nos diferentes lados, objetos sonoros como guizos, apitos, latas com pedrinhas, cornetas. Pode-se também disponibilizar um baú sonoro contendo coco cortado em duas partes, papel celofane para amassar, instrumentos musicais industrializados ou confeccionados com sucatas.

Maria da Graça Souza Horn

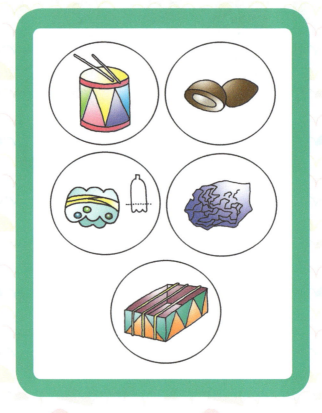

5

Brincar, explorar e interagir nos espaços externos das instituições de educação infantil

As crianças hoje, em sua grande maioria, veem-se privadas de desfrutar do espaço ao ar livre e de conviver com a natureza. Muitas são as razões que corroboram tal evidência: uma sociedade que impõe uma infância que se distancia cada vez mais do brincar com a terra, com a água e com o fogo, elementos que estão presentes na vida ao ar livre; a violência dos centros urbanos; o pouco espaço deixado pelas construções; a identidade da escola infantil com um modelo tradicional que, para ser concebida como local que "ensina", deve ter prioritariamente mesas, berços, cadeiras e crianças que "aprendem passivamente".

Cada vez mais se colocam lajes nos pátios, encurtando-se os horários de se estar nesses locais, com a desculpa de que o fato de as crianças encherem os sapatos com areia, sujarem-se com o barro ou se molharem com a água causa "transtornos e trabalho". Também existe a crença de que, para realmente aprenderem o que a escola tem de ensinar, as atividades com lápis e papel, realizadas em mesas, devem ser as mais importantes. Espera-se que a escola aposte na organização de contextos que sejam significativos para as crianças, que as coloquem em relação umas com as outras, que desafiem sua interação com diferentes materiais, que postulem o princípio de que todos os espaços são potencialmente promotores da brincadeira e da interação. Como já afirmamos, tal premissa legitima os eixos das Diretrizes Curriculares Nacionais para a Educação Infantil – o brincar e o interagir –, que poderão nortear as propostas pedagógicas das instituições de educação infantil, concebendo a criança como protagonista capaz e competente, com muita energia e necessidade de exercitá-la. Isso também deverá acontecer nos espaços externos.

Uma preocupação recorrente dos educadores se refere ao fato de que, nesses espaços, as crianças ficam mais expostas a riscos de se machucarem e, por esse motivo, planejam pátios sem desníveis, sem árvores, sem equipamentos para escalar, subir e descer com autonomia. É importante considerar que a segurança dos pátios não pode tirar o desafio que se impõe nesses locais, tampouco o desafio deve oferecer perigo às crianças. Sem dúvida, a segurança deve estar garantida, mas sendo acompanhada pelo compromisso de despertar nas crianças o amor e a paixão pela vida ao ar livre e por viver a magia que isso representa, pois essa é a chave de toda aprendizagem (HADDAD; HORN, 2011).

Por que é importante brincar e interagir em espaços externos

Como já afirmamos no início deste capítulo, o afastamento de um convívio mais próximo com o mundo natural imposto pela vida moderna impede relações vitais e constitutivas do ser humano com a natureza. As áreas verdes nos grandes centros são cada vez mais reduzidas. Dada a sua importância, não podemos prescindir de nenhum espaço que possa oferecer essas áreas. Especialmente os espaços formais de educação deverão ocupar tal lacuna.

Segundo Fedrizzi (2013), a inter-relação do homem com a natureza apresenta grande importância em sua vida, trazendo-lhe inúmeros benefícios, tanto emocionais quanto funcionais. Em se tratando de crianças, o contato com a vegetação tem ainda mais impacto, de modo que a interação com a natureza influencia o desenvolvimento e também auxilia a aprendizagem, atuando em duas frentes. O pátio escolar pode contemplar esses aspectos, desde que haja um planejamento que atenda a tais necessidades.

A organização dos espaços externos apoia-se no projeto pedagógico da unidade, que deve nortear as ações das crianças e dos professores, oferecendo pistas importantes sobre a ideia de infância que desejam assegurar os educadores que ali atuam. Como já afirmamos, o que vemos, muitas vezes, em nossa realidade, é uma escola infantil alinhada a um modelo tradicional, que não abre esse espaço. Tal evidência está relacionada a uma concepção de que esse é um lugar onde "se ensina" e, portanto, deverá ter prioritariamente mesas, berços, cadeiras e crianças que aprendem "passivamente". Brincar com terra e água, assim como poder subir em árvores são atividades consideradas distantes e pouco importantes.

O confinamento entre as quatro paredes parece ser a realidade vivida por muitas de nossas crianças, fadadas a ver o sol, sentir o ar e subir nas árvores em exprimidos intervalos de tempo ou através de janelas estreitas:

> Cada vez mais se colocam lajes nos pátios, se encurtam os horários de se estar nesses locais, com a desculpa de que causa "transtornos e trabalho" o fato de as crianças encherem os sapatos com areia, se sujarem com o barro, se molharem com a água e também a crença de que para realmente aprenderem o que a escola tem de ensinar, as atividades com lápis, papel, realizadas em mesas, devem ser as mais importantes. (HADDAD; HORN, 2013, p. 8).

Segundo Caobelli (2013), vários pesquisadores vêm estudando os efeitos de uma pedagogia vivida ao ar livre. A autora destaca a contribuição desses pesquisadores, sintetizando, nos seguintes aspectos, os efeitos positivos da interação das crianças com a natureza:

- desenvolvimento do poder de observação e da criatividade;
- promoção do uso da linguagem e das habilidades cooperativas;
- alívio do estresse e possibilidade de lidar com as adversidades;
- auxílio no tratamento a crianças com déficit de atenção;
- melhor desempenho da coordenação motora; e
- desenvolvimento da imaginação e despertar de um sentimento de admiração pelo mundo.

Portanto, é primordial organizarmos contextos significativos para as crianças também nos espaços externos, onde elas possam colocar-se em relação umas com as outras e sintam-se desafiadas a interagir com diferentes materiais, legitimando o princípio de que todos os espaços são potencialmente promotores da brincadeira e da interação. Muitas das atividades propostas para serem realizadas nas salas de referência podem e devem ser realizadas nos pátios e demais espaços externos. Por que não contar histórias à sombra de árvores ou ramadas? Por que não realizar com diferentes materiais construções que agreguem o uso da terra e da água? Por que não desenhar, pintar e colar ao ar livre, inspirando-se na própria natureza?

As crianças também aprendem nos espaços externos

Partimos da premissa de que o meio, aqui entendido como espaço no qual acontecem as relações entre pares e o uso dos materiais e as atividades, constitui um fator preponderante para o desenvolvimento dos indivíduos, fazendo parte constitutiva desse processo. As crianças, ao interagirem nesse meio com outros parceiros, aprendem pela própria interação e imitação. Nesse sentido, podemos afirmar que o espaço externo e o espaço interno são promotores das aprendizagens infantis.

Quando afirmamos que o ambiente é composto por gosto, toque, sons e palavras, regras de uso do espaço, luzes e cores, odores, mobílias, equipamentos e ritmos de vida e que também é importante educar as crianças no sentido de observar, categorizar, escolher e propor, possibilitando-lhes interações com diversos elementos, não estamos somente nos referindo a ações realizadas em espaços internos. Essa ideia é igualmente válida para os espaços externos.

Entendemos, então, que o espaço externo deve ser utilizado como um prolongamento das salas de atividades. Se pensarmos em um espaço ideal ou se minimamente pudermos nos aproximar disso, a comunicação direta entre as salas de atividade e os espaços externos, unindo os dois ambientes, é de fundamental importância. Essa estrutura possibilita às crianças o estar dentro e fora, podendo interagir de forma autônoma e independente. Ou seja, tanto dentro da sala de referência quanto fora dela, existe a possibilidade de escolhas que independem da ordem e do direcionamento dos adultos, constituindo-se em momentos ricos e prazerosos de aprender.

O espaço externo acrescenta uma dimensão que qualifica o processo de aprendizagem, como apontam Arribas et al. (2004):

- o espaço externo coloca a criança em situação de adaptar-se a novas experiências que exigem dela novas respostas. A diversidade baseia-se nas possibilidades. Nesse ambiente, são propiciados vários e ricos intercâmbios, sendo amplamente contemplados os processos de socialização e de cooperação, oportunizando trocas com outros grupos de crianças, de diferentes faixas etárias;
- a possibilidade de estar em contato com a natureza é oferecida, o que na vida moderna torna-se bastante restrito às crianças, incluindo-se atividades como brincar com terra, água, plantas e animais;
- a possibilidade de exercitar-se em amplos movimentos também é proporcionada às crianças, como correr, saltar, subir em árvores.

A organização de contextos externos que sejam significativos para as crianças, que as coloquem em relação umas com as outras e que desafiem sua interação com diferentes materiais não somente é possível, mas também imprescindível, em uma escola infantil que entende ser o espaço um parceiro pedagógico das práticas cotidianas. Holm (2015), em sua obra *Eco Arte com Crianças*, traz uma importante contribuição no sentido de aproximar as crianças com os espaços e com a natureza. Ilustrado com belos exemplos de atividades de arte ao ar livre, o texto afirma que todas as vezes que trabalhamos a arte com crianças, para um melhor e mais ecológico modo de desenvolver as atividades, devemos necessariamente refletir sobre seis dogmas:

1. Construímos espaços para a brincadeira e para a poesia.
2. Trabalhamos ao ar livre e utilizamos a energia da própria natureza (o vento, o sol, a chuva) como ferramenta no processo criativo.
3. Utilizamos materiais usados. O descartado é renovado e utilizado novamente.
4. Usamos materiais não convencionais.
5. Usamos aquilo que está bem ao nosso redor.
6. Deixamos o local sem nenhum rastro de destruição.

Portanto, é de suma importância que materiais diversificados e desafiadores sejam disponibilizados às crianças nos espaços externos, que permitam interações e brincadeiras significativas, realizadas de forma autônoma e independente. A possibilidade de organização em áreas diferenciadas proporcionará condições para que essas interações sejam realizadas de maneira qualificada, possibilitando aprendizagens prazerosas e necessárias.

Organização dos espaços externos

Os professores e gestores precisam analisar como o espaço externo deve ser estruturado para acolher as experiências das crianças, que não são apenas motoras, mas também afetivas, relacionais e cognitivas. O ambiente externo deve ser acolhedor, seguro, acessível às crianças com locomoção dificultada, estimulante e asseado, colaborando para o alcance das metas educacionais propostas. É particularmente importante considerar que, nesses espaços, também estarão interagindo crianças com alguma deficiência motora ou visual, entre outras.

Conforme já salientamos no capítulo anterior, os mesmos critérios e princípios que pensamos para organizar espaços internos são válidos para a organização dos espaços externos. Porém, devemos relevar as especificidades e características de cada tipo de espaço, que privilegiará atividades diferenciadas ou mais adequadas a serem realizadas em cada um deles. Segundo Arribas et al. (2004), para que sejam viabilizados espaços qualificados nos pátios e nas áreas externas, alguns aspectos deverão ser contemplados, como

- a amplitude dos espaços externos;
- o acesso direto das salas de atividades para a área de transição ou semicoberta;
- o equilíbrio entre espaços demasiadamente estruturados ou sem estrutura;
- a distribuição de espaços para atividades distintas (movimento/repouso, segurança/aventura, socialização/autonomia, imitação/criação);
- a criação de espaços nos quais a criança possa ter privacidade (buracos, cabanas, etc.);
- a previsão de espaços com sombra e com sol;
- a previsão de pisos diversificados, como terra, pedra, madeira, grama, etc.;
- a previsão de equipamentos de madeira, substituindo, sempre que possível, os de plástico; e
- a manutenção constante dos equipamentos e materiais.

Adotando esses critérios como norteadores, torna-se possível propor áreas diferenciadas nos espaços externos, levando-se em conta a ideia de que neles as crianças não só correm, exploram o escorregador, a gangorra e os balaços. Elas podem optar e escolher entre diferentes oportunidades que lhes são disponibilizadas nas áreas que promovem a construção de aprendizagens nas diferentes linguagens infantis. O aconchego e o acolhimento também deverão estar presentes nesses espaços, priorizando-se a diversidade em relação aos tipos de piso, como terra, grama, areia, etc. A consideração desses aspectos corrobora para qualificar as experiências das crianças.

Esses critérios estarão contemplados em áreas diferenciadas, as quais privilegiarão atividades de diferentes naturezas. A seguir, descrevemos alguns espaços que poderão ser organizados na área externa, a título de sugestão e não de "receituário". Salientamos que há outros modos de considerar esses locais, materiais e equipamentos, à luz seja dos interesses das crianças, seja das especificidades regionais onde se insere a instituição de educação infantil.

Área para jogos tranquilos

Espaço desenvolvido em locais planejados para a realização de jogos de montar e de tabuleiro, assim como para conversas entre pares e para leitura de livros. A sombra das árvores, os quiosques de trepadeiras ou ramagens constituem-se em locais privilegiados para essas ações de natureza mais tranquila.

Área para brinquedos de manipulação e construção

Um princípio que sempre devemos considerar quando selecionamos espaços e materiais para a interação das crianças são as diversas respostas que esses elementos oferecem quando elas agem sobre eles. Diferentes pedaços de madeira, baldes e pás, entre outros objetos, oferecerão oportunidades para construção e manipulação nesse espaço do pátio.

Área estruturada para jogos de movimento

Esse é um espaço que deve ter amplitude suficiente para jogos de corrida e deslocamento com triciclo, carrinhos e patinetes. As crianças necessitam explorar intensamente materiais e equipamentos que lhes permitam exercitar a coordenação ampla dos movimentos.

Área para equipamentos de parque

Nesse espaço, poderão estar colocados os equipamentos para andar de balanço, gangorra, trepa-trepa e escorregador, considerando-se sua multifuncionalidade e que sejam oferecidas várias possibilidades de interação.

Área para jogos imitativos

O jogo simbólico não pode ser esquecido nos espaços externos. Assim, a oferta de elementos como casa de bonecas e casa na árvore, bem como a disponibilização de objetos que suscitem diferentes enredos do faz de conta, são fundamentais.

Área não estruturada para jogos de aventura e imaginação

Os espaços ao ar livre por si convidam à aventura e à imaginação. Elementos que desafiem as crianças nesse sentido, como cordas atadas às árvores, pontes de madeira interligando as árvores, cantos para se esconder, buracos em cercas e ramadas, serão importantes aliados na qualificação dessas experiências.

A fim de ilustrar modos diferenciados de organizar espaços externos para crianças menores (0 a 3 anos) e para crianças maiores (4 a 5 anos e 11 meses), apresentamos, a seguir, sugestões que poderão inspirar possíveis organizações. Cabe considerar que as diversidades regionais deverão estar contempladas tanto nas propostas de materiais para compor as diferentes áreas quanto na organização e na localização dos espaços propostos.

As sugestões a seguir explicitadas foram pensadas a partir da organização descrita, prevendo formas de organizar os espaços externos na perspectiva de áreas diferenciadas, para melhor atender às necessidades das crianças de até 3 anos e de 4 a 5 anos e 11 meses. É importante destacar também que podemos utilizar as sugestões indicadas para crianças menores nos espaços pensados para as crianças maiores e vice-versa.

Sugestão de organização de espaço externo para crianças de 0 a 3 anos

Nessa disposição, estão contempladas as áreas sugeridas, constituídas de (1) quiosque para guardar utensílios utilizados para mexer na terra (pás, baldes, regadores); (2) caixa de madeira com tulhas para guardar brinquedos; (3) vila com casinhas de madeira para entrar, circular, passar de uma para outra, olhar através dos buracos; (4) canteiro para plantar; (5) brinquedo em madeira com mezanino, escada, rampas, ninhos, casinha embaixo do mezanino; (6) caminhos de pedras e tocos; (7) torneira para colocar mangueira ou esguicho para espalhar e coletar água; (8) balanços confeccionados com pneus e madeira; e (9) pisos de terra, pedras e tocos de madeira.

Sugestão de organização de espaço externo para crianças de 4 a 5 anos e 11 meses

Nessa disposição, estão contempladas as áreas sugeridas, constituídas de (1) casa construída na árvore com madeira reaproveitada, coberta com telhas de barro ou palha; (2) ponte pênsil de madeira e corda com corrimão unindo duas árvores; (3) tinas com tampas e torneira para recolher água da chuva; (4) horta com cerca de madeira; (5) chafariz no meio de pequena área revestida de cimento ou lajotas; (6) aparelho de escalar acoplado a uma árvore; (7) quiosques cobertos com palhas ou plantas comestíveis; (8) canteiro com flores; (9) rede indígena ou trançada com palha, balanço de madeira suspenso com cordas com possibilidades de alternar lugares de fixação; (10) caminho alternado com brita e madeira; e (11) caixote com divisórias para colocar pedras, serragem e areia grossa e fina.

Sugestões de materiais e equipamentos

Os materiais e equipamentos colocados à disposição das crianças na educação infantil deverão atender às suas necessidades e aos seus interesses. Uma estrutura bem organizada, que contemple o desenvolvimento das mais diferentes linguagens infantis, também deverá estar presente nos espaços externos. Segundo Zabalza (1998), a eficácia dos materiais educativos, durante a etapa infantil, deverá estar vinculada à sua potencialidade para desencadear na criança um processo multidimensional.

As ações de se mover, observar, criar, imaginar, analisar, comparar, comunicar e se relacionar com as pessoas deverão estar contempladas no contexto da educação infantil. Um princípio básico para selecionarmos materiais qualificados para interações das crianças é aquele que oferece múltiplas respostas à sua ação; portanto, materiais muito estruturados, que respondem de uma mesma e única maneira à ação das crianças, serão os menos indicados. Além disso, é importante pensarmos em materiais de diferentes procedências, privilegiando os de madeira.

Segundo Arribas et al. (2004), é preciso critérios para classificar os materiais e orientar os educadores quando eles se propõem a adquiri-los ou a organizá-los conforme sua procedência, sua utilização, seu valor pedagógico e sua relação com as atividades e as diferentes áreas do currículo.

Nesse sentido, em se tratando de materiais a serem disponibilizados nos pátios, é possível organizá-los de acordo com a estrutura que definimos como a mais adequada às dimensões, à topografia do terreno, às características socioculturais da região e às áreas que serão contempladas. É importante relembrar que os critérios para organização dos espaços – delimitação, transformação, estruturação, estética, pluralidade, autonomia, segurança e polivalência – deverão nortear a disponibilização desses materiais.

Os materiais sugeridos a seguir poderão ser colocados à disposição das crianças nas diferentes áreas e ser continuamente reprogramados.

QUADRO 5.1 Materiais e equipamentos para os espaços externos

Materiais e equipamentos fixos	Cabana, casinha, caixa de areia, canos com água, piscina, fonte ou similar; troncos grandes; túneis ou tubos, rodas fixas no chão, bancos para crianças e adultos, rampas de cimento, caixas para os brinquedos do pátio, montes de terra, cordas para subir, ônibus, carro ou trem de madeira; circuitos e jogos pintados no solo, toldos, lonas, valas, área para animais, elementos de jardinagem ou horta.
Materiais e equipamentos semimóveis	Bancos, troncos; rodas de caminhão; pedaços grandes de madeira.
Materiais e equipamentos móveis	Rodas de carro, caixas plásticas, tábuas; motocas, patinetes, *skate*; caixa com rodas, mangueira, potes de plástico; materiais da caixa de areia, cordas, ferramentas, bolas, aros, regadores.

Materiais e equipamentos

Os materiais e equipamentos sugeridos a seguir poderão ser utilizados por crianças de diferentes faixas etárias e também adaptados aos diferentes contextos de espaços externos das instituições de educação infantil. Eles estarão dispostos em locais compatíveis com seu uso.

Plataforma que abre e fecha

Esta plataforma pode ser construída sobre uma caixa de areia.

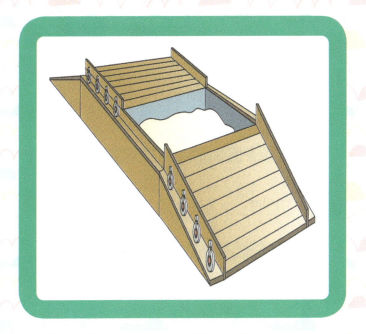

Balanço de cordas

Escada de cordas

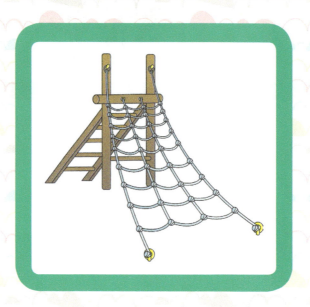

Caminhão com escada

Esse equipamento é construído com madeira e pode se transformar em carro de bombeiro, navio ou caminhão, conforme o enredo dos jogos simbólicos propostos pelas crianças.

Casinha

Casinha com diferentes tipos de abertura.

Pedaços de madeira pré-moldados

Esse material é constituído por pedaços de madeira que, ao serem encaixados, poderão servir para construir muros, casas e cabanas.

Escadas de troncos

Esses equipamentos podem complementar pequenas elevações do terreno, permitindo outros modos de exploração.

Fogão a lenha

Esse material é uma réplica de um fogão a lenha, que poderá ser construído com madeira ou tijolos, para "cozinhar" no espaço externo.

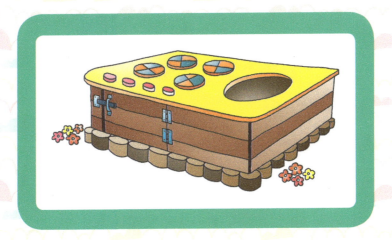

Labirinto de madeira

Esse equipamento poderá ser usado com água, bolas, carrinhos e outros objetos para deslizar sobre as canaletas.

Mesa de madeira com bancos acoplados

Esse equipamento poderá ser usado para muitas atividades ao ar livre, como lanchar, realizar atividades grafoplásticas ou interagir com livros.

Periscópio

Mural de madeira em que pode ser fixado um periscópio, bem como ser disponibilizadas aberturas para poder ver o "outro lado".

Túnel

Túnel construído com telhado transparente, com percurso interno marcado com trajetos diferenciados. A porta poderá ser de tiras de material emborrachado.

Painel de madeira

Esse painel poderá servir como divisório para o espaço externo e terá elementos que suscitem a interação das crianças, como periscópio, dobradiças, entre outros objetos.

6

Para avaliar e refletir

O quadro apresentado a seguir tem o objetivo de nortear a observação do professor no sentido de orientar modificações que poderão ser feitas para qualificar os espaços externos.

Será que	Sim	Não	Providências
os espaços externos da instituição se constituem em uma alternativa para atuações diferenciadas dos envolvidos nos processos educativos da infância?			
a organização do pátio prevê áreas diferenciadas que contemplem as diferentes linguagens infantis?			
a organização dos espaços externos permite a construção de novos arranjos, possibilitando a realização de múltiplas atividades nesses espaços?			
os materiais disponibilizados possibilitam interações diversificadas e promovem relações entre as crianças?			
o espaço externo promove experiências significativas com o ambiente natural, como contato com areia, pedras, água, grama e diferentes tipos de vegetação?			

Para continuar refletindo

> Cada vez que se abre uma nova hipótese sobre as capacidades da infância, se abrem novas possibilidades de um encontro com ela. Cada vez que fecham as hipóteses com rígidos campos predeterminados, se anulam as possibilidades de encontro com uma infância verdadeira e se vão construindo as identidades infantis de forma implacável, marcadas por uma continuidade inapelável. (CABANELLAS; ESLAVA, 2005, p. 25).

Nossas práticas educativas, de modo geral, estão marcadas por uma forte continuidade, enraizada em modelos pedagógicos que, ao longo dos anos, vieram se consolidando como uma referência única. Para atingir um *status* de escola, o caminho seguido pela educação infantil foi na direção da escola de ensino fundamental. Isso trouxe, em seu bojo, especialmente no que se refere à organização de espaços, tempos e materiais, a procura de uma referência de escola, em que, para ser como tal, deveria ter classes enfileiradas, quadro, giz, um professor à frente, sem dúvida uma estranha e inadequada organização.

Em muitos locais, para se igualar a essa organização, isso se restringiu à diminuição da altura dos móveis, o que certamente trouxe danos imensos no trato com as crianças. Pensar que essa etapa de ensino tem outras características, com necessidades muito específicas que a diferencia das que compõem o sistema educacional, incorreu em uma necessidade de construir uma nova identidade considerando-se uma nova concepção de criança. Isso se explicita no já citado documento intitulado Diretrizes Curriculares Nacionais para a Educação Infantil, de 2010 (BRASIL, 2010). Por se caracterizar não pela prescrição, mas, sim, pela proposição de princípios, esse documento tem como eixos estruturantes o brincar e o interagir das crianças, como afirmado no início deste livro.

Portanto, cabe aos educadores, sejam eles professores, gestores, coordenadores, funcionários de escola, pensar nas relações e implicações que disso decorrem na organização de todos os espaços da instituição. Além disso, entender que essa organização não está desvinculada de uma proposta pedagógica e, sobretudo, de uma concepção de criança. A não coerência com esses postulados implicará, certamente, uma prática pedagógica que poderá ser comparada a uma velha senhora vestida como uma adolescente, explicitada na charge de Tonucci (2008, p. 185).

Não basta construir prédios à luz do novo ordenamento legal da educação infantil, não basta comprar os materiais considerados mais modernos e de qualidade, não basta somente organizar os cantos com diferentes materiais e temáticas, é preciso formar permanentemente os educadores a partir de uma nova ótica, a partir do entendimento do que é verdadeiramente conceber a criança como criança. Ela é um ser único e, portanto, precisa ser atendida em sua individualidade, mas é também um ser histórico, social e cultural, constrói conhecimentos por meio das inúmeras interações que realiza com os adultos, com as outras crianças e com o meio físico e social (BRASIL, 2010).

Referências

ARRIBAS, L. T. et al. *Educação infantil*: desenvolvimento, currículo e organização escolar. Porto Alegre: Artmed, 2004.

BRASIL. Ministério da Educação. *Parecer CNE nº 20, de 11 de novembro de 2009*. Brasília, 2009. Disponível em: < http://portal.mec.gov.br/index.php?option=com_docman&view=download&alias=-3748-parecer-dcnei-nov-2009&category_slug=fevereiro-2010-pdf&Itemid=30192>. Acesso em: 30 set. 2016.

BRASIL. Ministério da Educação. Secretaria de Educação Básica. *Diretrizes Curriculares Nacionais para a Educação Infantil*. Brasília: MEC, 2010.

BROUGÈRE, G.; ULMANN, A-L. (Org.). *Aprender pela vida cotidiana*. Campinas: Autores Associados, 2012.

CABANELLAS, I.; ESLAVA, C. (Coord.). *Territorios de la infancia*: diálogos entre arquitectura y pedagogía. Barcelona: Grao, 2005.

CAOBELLI, J. F. A importância de uma pedagogia ao ar livre. *Pátio Educação Infantil*, Porto Alegre, n. 34, p. 34-36, 2013.

CARVALHO, M. C.; RUBIANO, M. B. A organização do espaço em instituições pré- escolares. In: OLIVEIRA, Z. M. R. (Org.). *Educação infantil*: muitos olhares. São Paulo: Cortez, 1994.

CARVALHO, R. S.; FOCHI, P. S. O muro serve para separar os grandes dos pequenos: narrativas para pensar uma pedagogia do cotidiano da educação infantil. *Revista Textura*, v. 18, n. 36, p. 153-170, jan./abr. 2016.

CORSARO, W. *Sociologia da infância*. Porto Alegre: Artmed, 2011.

EDWARDS, C.; GANDINI, L.; FORMAN, G. *As cem linguagens da criança*: a abordagem de Reggio Emilia na educação da primeira infância. Porto Alegre: Penso, 2016. v.1.

FEDRIZZI, B. Lá fora há muito que aprender. *Pátio Educação Infantil*, Porto Alegre, n. 34, p. 12-15, 2013.

FOCHI, P. S. Ludicidade, continuidade e significatividade nos campos de experiência. In: FINCO, D.; BARBOSA, M. C. S.; FARIA, A. L. G. de. *Campos de experiência na escola da infância*: contribuições italianas para inventar um currículo de educação infantil brasileiro. Campinas: Leitura Crítica, 2015. p. 221-232.

FORTUNATI, A. *A educação infantil como projeto de comunidade*: crianças, educadores e pais nos novos serviços para a infância e a família: a experiência de San Miniato. Porto Alegre: Artmed, 2009.

Referências

FORTUNATI, A. *A abordagem de San Miniato para educação das crianças*: protagonismo das crianças, participação das famílias e responsabilidade da comunidade por um currículo do possível. Piazza Carrara: Edizioni ETS, 2014.

GOLDSCHMIED, E.; JACKSON, S. *Educação de 0 a 3 anos*: o atendimento em creche. Porto Alegre: Artmed, 2006.

GOODSON, I. *O currículo em mudança*: estudos na construção social do currículo. Porto: Porto Editora, 2001.

HADDAD, L.; HORN, M. da. Criança quer mais do que espaço. In: REVISTA EDUCAÇÃO. São Paulo: Segmento, 2011. p. 42-59.

HADDAD, L.; HORN, M. da G. S. Mais do que um lugar para gastar energia. *Pátio Educação Infantil*, Porto Alegre, n. 34, p. 8-11, 2013.

HOLM, A. M. *Eco-arte com crianças*. São Paulo: Ateliê Carambola, 2015.

MALLAGUZZI, L. De jeito nenhum. Os cem estão lá. In: EDWARDS,C.; GANDINI, L.; FORMAN, G. *As cem linguagens da criança*: a experiência de Reggio Emilia em transformação. 3. ed. Porto Alegre: Penso, 2016. v. 2.

ROSSETTI-FERREIRA, M. C. et al. *Rede de significações*: e o estudo do desenvolvimento humano. Porto Alegre: Artmed, 2004.

SARMENTO, M. *Crianças e miúdos*: perspectivas sócio pedagógicas da infância e educação. Porto: Asa, 2004.

TONUCCI, F. Frato: 40 anos com olhos de criança. Porto Alegre: Artmed, 2008.

VYGOTSKY, L. S. *A formação social da mente*. São Paulo: Martins Fontes, 1984.

WALLON, H. *Origens do pensamento da criança*. São Paulo: Manole, 1989.

ZABALZA, M. A. *Qualidade em educação infantil*. Porto Alegre: Artes Médicas, 1998.

Leituras recomendadas

CEPPI, G.; ZINI, M. *Crianças, espaços, relações*: como projetar ambientes para a educação infantil. Porto Alegre: Penso, 2013.

DE PABLO, P.; TRUEBA, B. Espacios y recursos para mí, para ti, para todos. Madrid: Editorial Escuela Española, 1994.

FEDRIZZI, B. A organização espacial em pátios escolares grandes e pequenos. In: DEL RIO, V.; DUARTE, C. R.; RHEINGANTZ, P. A. (Org.). *Projeto do lugar*: colaboração entre psicologia, arquitetura e urbanismo. Rio de Janeiro: Contra Capa, 2002. p. 221-229.

GANDINI, L. et al. *O papel do ateliê na educação infantil*: a inspiração de Reggio Emilia. Porto Alegre: Penso, 2012.

HOHMANN, M.; BANETT, B.; WEIKART, D. P. *A criança em acção*. Lisboa: Fundação Calouste Gulbenkian, 1995.

HORN, M. da G. S. *Cores, sons, aromas e sabores*: a organização dos espaços na educação infantil. Porto Alegre: Artmed, 2004.

HORN, M. da G. S. *Diagnóstico da utilização dos espaços físicos das unidades do Proinfância, por amostra, apontando as principais distorções, subutilizações e dificuldades na organização dos espaços físicos conforme proposto no projeto*. Brasília: COEDI; MEC, 2013.

HORN, M. da G. S. *Estudo propositivo sobre a organização dos espaços internos das unidades do Proinfância em conformidade com as orientações desse programa e as Diretrizes Curriculares Nacionais para Educação Infantil (DCNEIs) com vistas a subsidiar a qualidade no atendimento*. Brasília: COEDI; MEC, 2013.

HORN, M. da G. S. *Estudo propositivo sobre a organização dos espaços externos das unidades do Proinfância em conformidade com as orientações desse programa e as Diretrizes Curriculares Nacionais para Educação Infantil (DCNEIs) com vistas a subsidiar a qualidade no atendimento*. Brasília: COEDI; MEC, 2014.

POST, J.; HOHMANN, M. *Educação de bebés em infantários*. Lisboa: Fundação Calouste Gulbenkian, 2003.

TIRIBA, L. *Educação de crianças de 0 a 6 anos*. Rio de Janeiro: PUC, [20--?].